EMMANUEL MACRON
OG FRANKRIG

LALLY HOFFMANN

EMMANUEL MACRON
OG FRANKRIG

TURBINE

Emmanuel Macron – og Frankrig
Af Lally Hoffmann
© Turbine 2018
1. udgave, 1. oplag
Grafisk design: Karin Hald
Redaktion: Tommy Heisz
Trykt hos Scandbook
Alle rettigheder forbeholdes
ISBN: 978-87-406-2089-4
www.turbine.dk

Indhold

"La Joie est un pouvoir, cultivez-le."
"Glæden er en magt, dyrk den."

Stéphane Hessel (1917-2013), modstandsmand,
diplomat og forfatter.

"C'est impossible, m'écrivez-vous;
cela n'est pas français."
"Umuligt, skriver De;
det er ikke fransk."

Napoleon, 9. juli 1813, i et brev
til general Le Marois.

Fænomenet Macron

Frankrig er endnu ikke kommet sig over at have valgt en ung, forholdsvis ukendt mand til præsident hin 7. maj 2017. Franskmændene varmer sig ved den anerkendelse, Emmanuel Macron har fået verden over, men tøver selv fortsat med at give ham den fulde tillid. Han bliver set an, holdt ud i strakt arm og hvert af hans ord kører i mediemøllen. Men modsat alle forventninger om social uro, løbende demonstrationer og politisk modstand, har franskmændene givet ham tid til at agere, inden de træffer en endelig beslutning om deres syn på manden. Som præsident François Mitterrands motto lød: *"Il faut laisser du temps au temps"* – "Se tiden an".

Det interessante er, at Emmanuel Macron ikke selv mener, at han har tid. Han har lynende travlt. Det er nu, han vil agere; det kan hurtigt blive for sent. Derfor er han her og der og alle vegne. Hans skrækscenarie er forgængeren François Hollandes mangel på beslutningskraft. Han observerede den i fire år på tætteste hold. Macron har lagt en plan, og han kører derefter: Ingen tøven, pragmatisme, effektivitet – og et sted i horisonten en mission. Hans meget omtalte hustru, Brigitte Macron, har muntert beskrevet missionen med ordene: *"Jeanne d'Arc tous les soirs, ce n'est pas possible."* – "Jeanne d'Arc hver aften, det er ikke muligt!" Den meget ligefremme fru Macron med et glimt i øjet kan bringe den ivrige kæmper tilbage på jorden, når ordene bringer ham ud at flyve.

Når det gælder Jeanne d'Arc, har franskmændene i øvrigt et blødt punkt. Når landet skal tages i ed, dukker Jeanne d'Arc altid op – kvinden, der blev hærfører som 17-årig og reddede Frankrig og kongen, inden hun blev taget til fange af englænderne og offer for en politisk skueproces. Englænderne brændte hende på bålet i Rouen 30. maj 1431. Hun nåede at blive 19 år. Jomfruen fra Orléans er blevet brugt op igennem tiden af diverse politikere og stik modsatrettede politiske bevægelser. Politikerne har stået i kø for at omfavne hende. Fra Vichy-regeringen og Pétain til general Charles de Gaulle og præsident François Mitterrand. Siden 1988 har det ekstreme højre, Front National under lederen Jean-Marie Le Pen, hver 1. maj marcheret gennem Paris til ære for Jeanne. For den Nationale Front repræsenterer Jeanne forsvaret mod alt fremmed, der kommer udefra. Jeanne holder dem langt væk. For venstrefløjen derimod er Jeanne pigen af folket – den rene, den uskyldige, symbolet på det evige og modige Frankrig. Forfatteren Hélène Bleskine siger det med et lille suk: "Jeanne d'Arc er den magiske boks for myterne om fransk identitet."

Macron fremhæver Jeanne, da han i Orléans – byen, hun befriede som 17-årig i 1429 – hædrer hende d. 8. maj 2016: "Jeanne finder vej til kongen. Hun er en kvinde, men hun tager ledelsen af en væbnet gruppe og står op imod krigs-generalerne. Jeanne var en vild drøm, hun forstår at sætte sig i respekt som den afgjort rigtige og helt evidente."

Da Macron siger det, har han netop, i april 2016, stiftet sin bevægelse En Marche (Fremad). Han er stadig økonomi-minister. I august 2016 forlader han regeringen. I november 2016 meddeler Macron, at han stiller op til præsidentvalget i 2017. For ham – som for Jeanne – er den vilde drøm evident. Han afslutter talen den 8. maj 2016 med ordene: "Jeanne d'Arc beviste, at skæbnen ikke er fastlagt.". *Le déstin n'est pas écrit.* Alting kan ske.

7. maj 2017 bliver Macron som 39-årig Frankrigs præ-sident. "Alle sagde, at det var umuligt, men de kender ikke Frankrig," lød det fra den nyvalgte præsident selv.

Den aften var Place du Carrousel og Louvre rammen om fejringen af den ny præsident. Stedet var omhyggeligt udvalgt, enhver detalje planlagt og symbolladet. For venstrefløjen er Place de la Bastille samlingsstedet for historiske begiven-heder, for højrefløjen er det Place de la Concorde. Macron – *ni de droite, ni de gauche* – hverken til højre eller venstre – fejrede sit historiske valg på Place du Carrousel og det til tonerne af 'An Die Freude' (Ode Til Glæden) – musikken, som Beethoven komponerede og præsenterede i 1824 med sin 9. og sidste symfoni. Friedrich Schiller havde allerede i 1785 skrevet digtet "An die Freude". En enkelt sætning – "Alle Menschen werden Brüder" (Alle mennesker bliver brødre) – har båret digt og musik op igennem tiderne. Denne fremtidsvision er nu også hymnen for Europa – og ingen kan være i tvivl, da en sortklædt skikkelse alene – helt alene – til tonerne af den storslåede musik bevæger sig hen over pladsen. En alvorsmand, en determineret mand, en selvsikker mand, der har valgt Europa med på den scene, han fremover skal optræde på – af og til også ret alene.

Aftenens iscenesættelse, filmet af den nykårede præsidents egne filmhold, kunne kun bringe tankerne tilbage til François Mitterrand. Netop indsat som præsident 21.maj 1981 valgte Mitterrand til tonerne af Beethovens Niende at hædre Frankrigs store mænd ved at lægge en enkel rose, den socialistiske rose, ved deres gravsted i krypten i Panthéon. Fra Jean Moulin, stifteren af modstandsbevægelsen mod nazismen, over Victor Schoelcher, manden, der ophævede slaveriet i de franske kolonier i 1848, til Jean Jaurès, der stod bag nyere tids socialistparti i Frankrig. Frihed, Lighed, Broderskab – i rosens navn.

Iscenesættelsen dengang var ligeså omhyggelig og symbolladet som i 2017. Mitterrand var dybt koncentreret. 'Ode til Glæden' førte ham gennem Panthéons lange gange, roserne blev stukket ud af mørket til ham én for én uden for kameraernes rækkevidde. Hans ensomme, taktfulde skridt gav hult genlyd i gangene. Den alvorsfulde præsident gik hurtigere og hurtigere – så hurtigt, at han gav orkestret problemer og derfor var nødt til at vente ved udgangen, mens orkestret kæmpede for at få spillet færdigt. Det var en ceremoni, der blev talt en del om. "Royal iscenesættelse," skrev den udenlandske presse lettere hånligt. "Socialismens ekstase," skrev venstrefløjsavisen Libération ligeledes kritisk, præsidentens ansigtsudtryk syntes at skulle fremtræde som højdepunktet i sorgfuld ekstase. Ikke desto mindre udkom Libération i hin majdage i 1981 med rosenduft i tryksværten. En ny tid kunne begynde.

I 2017 skulle 'Ode til Glæden' igen sætte stemningen – denne gang i fri luft foran Louvre-pyramiden, som netop Mitterrand stod bag. En lige så højtidelig stemning som i 1981, en lige så alvorlig præsident for hvem omfanget af jobbet var ved at stå klart. Men hvor Mitterrand forblev i rollen, viste den 39-årige i et splitsekund sit drengede smil. Det fik musikken til at drukne i jubelråb fra Carrousel-pladsen. Sejren var hjemme – og det på rekordtid. "Merci, mes amis" – tak, venner – var Macrons første ord i en takketale for indsatsen – "uden jer var intet af det her muligt."

Drenget, charmerende, imødekommende. Men tag ikke fejl: Frankrigs historie, betydning og rolle er aldrig langt væk – ej heller missionen om, at sådan SKAL det være.

"Europa og verden iagttager os. Europa og verden forventer, at vi forsvarer *l'esprit des lumières* – ånden fra oplysningstiden – mod de mørke kræfter, der mange steder vinder frem. Vi skal forsvare frihed, håb, humanisme, de undertrykte, retfærdigheden, vi skal have modet til at være OS – som vi er. Opgaven er enorm. Vi har modet – modet til at sige sandheden. Verden forventer, at Frankrig vil overraske – og det vil vi. Frankrig skal genfinde sig selv. Vi satser og skaber Frankrig."

Den Femte Republiks ottende præsident – Frankrigs yngste leder siden Napoleon. Det var ikke nogen overvældende valgsejr, det var det heller ikke for Mitterrand i 1981, men Europa og verden syntes længere end Frankrig at kunne huske, at havde Macron ikke vundet, ville Frankrig have fået en populistisk præsident fra det ekstreme højre.

I dagene efter valget var de store smil fremme. Selv vagterne ved Elysée-palæet var flinke. Også sydpå i det franske Baskerland skulle man ikke sige mange ord, før responsen kom: "Pyh ha, det var tæt på!" Lettelsens suk satte stemningen i vejret i bagerbutikken, på caféen – og så alligevel var der den lille usikkerhed. Hvem er han? Hvad står han for? Hvor kommer han fra?

"Verden er begejstret, Europa synes euforisk, det vil jo være trist, hvis vi – franskmændene – ikke kan overbevises," sagde redaktøren Lucile Schmid med et halvskævt smil.

Ikke et sekund forlod entusiasmen Emmanuel Macron selv – i hvert fald udadtil. Devisen var fortsat: "Alle sagde, det var umuligt, men de kendte ikke Frankrig."

Amiens – herfra min verden går

Optiker Romain Heymann undskylder venligt. Han skal lige tage sig af en kunde. Mit spørgsmål til ham gik på reaktionerne i Amiens, nu da hans gamle skolekammerat Emmanuel Macron er blevet Frankrigs præsident. Romain Heymann skal lige tænke sig om. Han er imødekommende, som man tit er i den franske provins, men også forsigtig med at udtale sig til fremmede.

"Det er nu ikke det, folk er mest optagede af. Emmanuel og mit indtryk af ham? Emmanuel var en ener blandt klassens 30 elever. Man søgte hans beskyttelse og anerkendelse. Der var ingen grund til at konkurrere med ham, han var bare så meget bedre og over os andre. Nej, nej, der var ikke nogen jalousi. Han var vellidt, brillant og sympatisk. Jeg var ikke så tæt på ham."

Romain Heymann smutter af sted til endnu en kunde. Emmanuel og Romain gik begge på den private katolske jesuitter-skole La Providence, som er kendt for sit høje uddannelsesniveau.

"Det var skolen for folk, som var ved muffen," tilføjer Romain Heymann, – "meget *bourgeois*, så godt som ingen fra andre sociale lag, sådan er det formentligt stadig." Det er ret tydeligt, at optikeren har travlt med at få afsluttet samtalen.

Emmanuel Macron voksede op i provinsbyen Amiens – nordens lille Venedig, som den engang berømmede tekstilby bliver kaldt. Byen blev hårdt ramt under Første Verdenskrig og gennembombet under Anden Verdenskrig, men har fortsat sin smukke katedral Notre Dame fra 1200-tallet og de flydende haver langs floden Somme. Kanalerne og broerne har givet byen en slags slægtskab med Venedig i Italien.

Amiens ligger bare 120 km fra Paris og var fra start i 1846 med på nyt jernbanenet, modernitet og industri. Det hører fortiden til. Nu er Amiens en hyggelig, lettere slumrende provinsby, der har kendt bedre dage. Beliggende ret tæt på både Paris og lufthavnen Charles De Gaulle burde byen være blevet et industrielt knudepunkt. Sådan skulle det ikke gå.

I foråret 2017 strømmede verdenspressen til for i det borgerlige, velbjærgede kvarter Henriville at fotografere en rød murstensvilla. Emmanuel Macrons barndoms-hjem. Familiens førstefødte var en lille, dødfødt pige, så da Emmanuel 21. december 1977 kom til verden, var han så afgjort et ønskebarn. En bror og søster skulle følge i den lille familie, hvor både far og mor arbejdede som læger i Amiens.

Emmanuel Macrons bror og søster gik også lægevejen – kun Emmanuel gik sine helt egne veje.

Emmanuel – kaldet Manu – erklærede, da han var 5 år gammel, at han ville bo hos sin bedstemor. Det fik han ikke lov til. Forældrene følte sig en smule tilsidesat, og Emmanuels far Jean-Michel blev lettere fornærmet. Jean-Michel siges at ligne Emmanuel ret meget. Han er mindre end sønnen, men temperamentsmæssigt skulle slægtskabet være ret intakt.

Ganske få har fået adgang til at tale med familien i forbindelse med Emmanuel Macrons nye berømmelse. Pressen har aldrig talt med de to søskende, med faren kun en enkelt gang og et par gange med moren. Emmanuel Macron selv taler aldrig om sine forældre eller søskende. Han fremhæver derimod sin mormor som den, der har haft stor indflydelse på hans valg i tilværelsen. Han kom ikke til at bo sammen med hende, men fra han var fem, var han hos hende hver dag.

"Min bedstemor har lært mig at arbejde. Fra jeg var fem, var jeg hos hende i mange timer efter skolen for at lære grammatik, historie og geografi ... og at læse. Jeg har tilbragt hele dage med at læse højt for hende. Molière og Racine, George Duhamel – en forfatter, der er lidt glemt, men som hun godt kunne lide – Mauriac og Giono."

Sådan skriver Emmanuel Macron i bogen, han udgav lige før præsidentvalget med den sigende titel 'Révolution' – et slags valgmanifest.

Mormor Germaine Noguès, som han dagligt var i forbindelse med indtil hendes død i 2013, havde sin helt egen historie. Manette, som hun blev kaldt, var fra Sydfrankrig, nærmere betegnet fra les Hautes-Pyrénées, født i byen Bagnères-de-Bigorre. Manette voksede op i en familie, hvor faren kun dårligt kunne læse, og moren slet ikke. Analfabet blev Germaine dog ikke, nej, hun blev per brevkursus lærerinde og senere skoleleder og følte det som en befrielse og en mission at give andre denne frihed at kunne læse, udvide sin verden og opdage kulturens kringelkroge.

Manette fortalte fra sin egen skoletid, hvordan hendes far gav hende en lussing, da hun kom hjem fra skole med en karakterbog, hvori der stod, at hun var "en god elev i alle henseender". Faren troede, det betød, at hun var let på tråden. Så snart Manette kunne, flyttede hun hjemmefra og tog sin mor med sig. "Moren var, som det hed, *une femme battue* – en kvinde, som fik tæv af sin mand. Manette beholdt sin mor med sig gennem hele livet," fortæller Emmanuel Macron i bogen.

Manu var uden tvivl hendes bedste og mest afholdte elev. Lærerinden havde for længst fået øje på drengens talenter. Han læste og læste – og den dag i dag kommer der gloser fra ham, som hans jævnaldrende er nødt til at slå op for at forstå. Manu levede i sin egen drømmeverden med Manette. En verden, der gjorde ham gammelklog og hungrende efter viden. I skolen var han langt foran de andre. Privatlærerinden øste af poesi, musik, oplevelser og eventyr. Hun var også krævende. Emmanuel blev udfordret. Han lærte disciplin og udholdenhed og at satse og sætte mål. Da Manette døde som 97-årig, var det med Emmanuel ved sin side. Han var utrøstelig.

"Nu er hun her ikke mere, men der er ikke en dag, hvor jeg ikke tænker på hende og søger hendes blik. Ikke at jeg søger hendes billigelse, for den kan hun jo ikke længere give mig, men fordi jeg gerne i mit arbejde vil vise mig værdig til den undervisning, hun har givet mig," skriver Emmanuel Macron i bogen 'Révolution'. Ingen skal være i tvivl om hans forhold til Manette. Hans forhold til forældrene var udmærket, han havde en god og munter barndom, men på hjertesiden stod Manette over alle andre.

Den velrenommerede private jesuitter-skole La Providence, i dagligtale la Pro, havde naturligvis sine etiske og disciplinære retningslinjer. Skolen tog vel imod den af Manette godt forberedte elev, Manu. Det religiøse aspekt kunne man vælge at deltage i, men det var ikke obligatorisk. Sigtet var uddannelse, viden og solidaritet. Skolen i Amiens var det sted, ens børn gik, hvis man ville dem og deres fremtid det godt.

Emmanuel Macrons latinlærer husker ham så udmærket godt. Den meget imødekommende Léonard Ternoy er nu pensionist. Med sine 76 år nåede han at arbejde på skolen i 40 år som lærer og direktør. Han havde Emmanuel Macron både i latin og i fransk litteratur.

"Emmanuel var en opvakt elev, altid velforberedt, og han blev efter timen for at diskutere. Allerede som 12-årig abonnerede han på litterære magasiner. Han var meget opmærksom og søgende. Han søgte de voksne." Léonard Ternoy holder en lille kunstpause for at understrege betydningen af, hvad han siger.

"Emmanuel var især god til at fremlægge og forklare. Det var ikke det at være på podiet, der interesserede ham, men det at kunne gå i dybden og forklare emnet. Hos jesuitterne lærer man *l'excellence, pas l'élitisme* – at være excellent, men ikke elitistisk. Emmanuel var diskret, fremhævede ikke sig selv, men løste opgaven naturligt og interesseret. På billeder ses han lige så diskret, han faldt ind i klassen."

Ternoy har også oplevet Emmanuel som skuespiller – men fandt ham ikke særlig god. "Han kunne teksten, han kunne sine bevægelser, men han var stort set bare sig selv. Det var helt som, når han fremlagde en tekst i klassen. *Il ne joue pas, il est* – han spiller ikke, han er totalt sig selv."

Léonard Ternoy havde ikke forventet at se Emmanuel som politiker, men drengen havde mange talenter og kunne vælge frit. Først valgte han litteraturen, så filosofien med Paul Ricoeur. "Han vælger et emne, fordi han selv vil overbevises og udvide sin horisont for så selv derefter at kunne overbevise. Han vil trænge helt ind. Politikeren Macron er ikke anderledes end eleven Emmanuel. Han har en opgave – en mission. Han har sin kritiske sans, han er ikke perfekt, han kan fejle, han har sine begrænsninger. Men han har valgt og følger så emnet til dørs. Han gennemfører, hvad han har sat sig for."

Ternoy bliver helt varm i stemmen med den analyse, der jo nærmest også blev et motto for Emmanuel Macron selv: "Jeg gør, hvad jeg har sagt, jeg ville gøre."

Den gamle latinlærer går endnu længere. "Menneskeligt er Emmanuel Macron god til at sætte sig i den andens sted – også når vedkommende er anderledes og kommer et andet sted fra. Og når han sætter sig i den andens sted, bygger han på *les valeurs universelles* – de universelle ideer."

Léonard Ternoy småler og fortsætter. "Macron er som en

svamp – *une éponge, il absorbe tout* – han opsuger alt. Måske har han kedet sig i klassen, men han lod sig aldrig mærke med noget, han var fuldt ud til stede. Han suger til sig, udvælger og gennemfører." Det sidste bliver sagt med høj og tydelig diktion. Latinlæreren er igen tilbage på scenen i klasserummet. Aktiv i tjenesten.

Af de jævnaldrende var Renaud Dartevelle den, der var tættest på Emmanuel Macron. De to lægesønner gik i samme klasse på La Providence, fra de var 10, til de var 16. De spillede teater sammen, diskuterede politik og interesserede sig for litteratur. "Macron læste voksenlitteratur – Gide, Maupassant og Michel Tournier," husker Renaud. De var gode venner, men Macron var en smule indelukket. Renaud vidste ikke, hvem Macron ellers kendte. Kun en enkelt gang hilste han på bedstemoren, som Manu var så tæt knyttet til. Manu selv talte aldrig om hende eller om sine forældre.

Renaud Dartevelle bor ikke længere i Amiens. Han er i dag historielærer på et gymnasium i Essonne. En helt anderledes skole end den, de to mødtes på i Amiens. "La Providence er en privat katolsk jesuit-skole – en eliteskole. Det er borgerskabets børn, der frekventerer skolen, men betalingsmæssigt ligger den, hvor også andre kan komme ind. Der er mulighed for et socialt mix, men det er langt fra gennemført. Der er ingen religiøs overbygning, skolen er for alle og har – om ikke mange – også haft muslimske lever. Præster er tilknyttet, men ønsker man ikke at deltage i de religiøse handlinger, er det ok. Formålet er at uddanne en ansvarlig elite med respekt for andre. Og ikke mindst fremhæve en social dimension. Mange af eleverne vælger skolen af tradition, man ønsker at sikre, man kan være blandt ligemænd. Skolen har ry for at være en anelse striks," fortæller Renaud.

Amiens har 150.000 indbyggere. Det er godt at have adresse i Henriville, knap så interessant at have adresse i Le Pigeonnier i Nordkvarteret. Borgerskabet frekventerer ikke *le quartier nord*, som blev bygget i 60'erne og 70'erne med de velkendte højhuse, de sociale problemer og utilpassede unge mest af nordafrikansk baggrund. Mange kom efter afslutningen på den blodige kolonikrig i Algeriet (1954-62). De fleste var algeriere, der havde samarbejdet med franskmændene, de såkaldte *harkis*. Renauds far kom der som læge og kunne ved middagsbordet berette om sin "safari" til de "farlige" kvarterer. I nærheden lå et eftertragtet svømmebassin, men man var alligevel lidt betænkelig ved at bevæge sig nordpå. Der var sikrere i det velkendte miljø af ligestillede.

For Renaud var de bedste øjeblikke med vennen Emmanuel på scenen. For eksempel da de spillede 'Jacques le Fataliste' af Diderot og havde de to hovedroller. Selv skriver Emmanuel i bogen 'Révolution', at hans store lidenskab skulle blive musikken – først og fremmest klaveret og teatret. Klaveret fra han var lille og teatret, da han var ung mand.

"At stå på scenen og sige de tekster, min bedstemor og jeg havde læst og læst, lytte til de andre, skabe et øjeblik sammen, som får liv, skaber latter og bevæger." Den unge mand var med andre ord en romantiker.

Den modne mand i trediverne går da også til klaveret og spiller natten igennem, hvis noget går ham imod. Da han som økonominister i juni 2015 var overbevist om, at han kunne få sit lovforslag igennem i Nationalforsamlingen, besluttede ministerpræsident Manuel Valls at benytte Forfatningens artikel 49.3, der betyder at lovforslaget gennemføres uden afstemning. For den unge minister var det et eklatant nederlag, og loven kom tilmed til at bære hans navn. Det var hans første forsøg på at slå igennem rent politisk. Den aften og nat blev der spillet på klaveret. Sådan blev der afreageret. Macron følte sig dolket i ryggen af Valls. Året efter forlod han regeringen. Romantikeren bryder sig meget lidt om nederlag – han kæmper og står fast.

Det gjorde han også, da han via teatret på skolen helt uventet fik nyt indhold i sit liv. Renaud og Emmanuel meldte sig til teaterkurserne, ledet af en meget populær lærerinde Brigitte Auzière. Det skulle vise sig, at hun og hendes familie boede blot 200 meter fra Emmanuels barndomshjem, og lærerindens datter gik i samme klasse som Renaud og Emmanuel. Lærerinden havde, blandt andet fra sin egen datter, allerede hørt meget om denne Emmanuel, som kunne og vidste alt. Alligevel overraskede han hende med sin indsigt, viden og modenhed. Efter et par måneder med teaterarbejdet gav de sig uden for skoletiden til at bearbejde en forestilling sammen. Titlen på værket af Eduardo De Filippo var 'L'Art de la Comédie' – det var tæt på at blive enden på komedien både for elev og lærerinde. De to mødtes troskyldigt hver fredag efter skoletid hos lærerinden. Interessefællesskabet skulle blive dybere og dybere.

"Ved du hvad, da vi skrev stykket sammen, havde jeg

indtryk af at arbejde sammen med Mozart," betroede Brigitte Austière år senere en ven. Dengang var Brigitte 39 – 24 år ældre end eleven Emmanuel. Brigitte forsøgte naturligvis at modstå tiltrækningen. Emmanuel var derimod sikker i sin sag. Han søgte fortsat de modne mennesker, der kunne udfordre og matche ham. Vennen Renaud, der spillede sammen med ham i stykket, som Brigitte Austière iscenesatte, har denne erindring:

"Jeg anede måske nok lidt af, hvad der skete mellem de to, men jeg forstod det ikke for alvor. Det var bare så HELT ikke muligt."

Eleverne talte ikke om det, det gjorde Emmanuel heller ikke. I bogen 'Révolution' formulerer han det afgørende møde med lærerinden:

"Det var i smug, tingene udviklede sig, og jeg blev forelsket. Der var en intellektuel samhørighed, som dag efter dag blev til en følbar nærhed. Derefter, uden at nogen kæmpede, til en lidenskab, der stadig er der. Vi skrev sammen hver fredag i flere timer på et teaterstykke. Det varede i flere måneder. Vi besluttede at opsætte det sammen. Vi talte om alt. Skrivningen blev bare et påskud. Jeg opdagede, at vi altid havde kendt hinanden."

Emmanuels forældre havde godt nok på fornemmelsen, at der foregik et eller andet, men de troede helt bestemt, det var lærerindens datter, Emmanuels klassekammerat Laurence, der inspirerede ham. Da det gik op for dem, at det var moren, der interesserede deres søn, var de alt andet end begejstrede. Brigitte Austière – mor til tre, gift med en bankmand og født i det absolut bedre borgerskab i Amiens i den kendte familie Trogneux, der den dag i dag er ejere af chokoladeimperiet Trogneux i Amiens. En kvinde – en lærerinde – der var 24 år ældre end sønnen, som endnu ikke var fyldt 16. Det var for meget for selv en åbensindet familie. Jean-Michel Macron indkaldte sønnens lærerinde til en alvorlig samtale.

Ifølge Anne Fulda, fransk forfatter til bogen 'Emmanuel Macron – en så perfekt ung mand', som har talt med de involverede, har det nu skilte forældrepar svært ved at få placeret, hvem der var mest fordømmende i forhold til lærerinden. De er dog enige om, at Emmanuels mor forklarede Brigitte Austière, at hvis det her fortsatte, ville hun, der allerede havde børn, være årsag til, at Emmanuel selv aldrig fik børn, og familien altså heller ikke børnebørn.

Og som om den besked ikke var nok, gjorde Emmanuels far det helt klart, at hun – lærerinden – ikke måtte se sønnen, endsige tale med ham, førend han var fyldt 18. En grædende Brigitte skulle have fremmumlet, at det kunne hun ikke love.

Med sine 39 år, sin borgerlige opdragelse og med fuld bevidsthed om konventioner og opførsel – og det ikke mindst i provinsen, hvor alle kender alle – var lærerinden naturligvis fuldt ud klar over, hvad hun var oppe imod.

Selv om alt foregik meget diskret, blev der mumlet i det bedre borgerskab i kvarteret Henriville. Emmanuels latinlærer – den venlige Léonard Ternoy er helt ligefrem:

"Jeg har undervist Emmanuel Macron, hans søster og hans bror. Broren var ikke særlig boglig. Jeg har også undervist Brigitte Auzières børn, så man kan sige, det er en hel familiehistorie."

Ternoy rømmer sig.

"Ja, det var det så også, da den 16-årige elev og den 24 år ældre lærerinde blev glade for hinanden. Skandalen blev undgået, da unge Macron forlod Amiens og drog mod Paris og det anerkendte Henri-IV-gymnasium. I ægte jesuitisk ånd vandt diskretionen over den lurende skandale. Brigitte Auzière fortsatte med at undervise på La Providence, og det gjorde hun så glimrende."

Diskretion, ind under gulvtæppet, mon ikke det går over? Og så går livet videre, ikke mindst for en meget ung mand, en romantiker, der brænder for pianoet, for teatret, for litteraturen, og som drømmer om at blive forfatter. Han drømmer stort og vildt, det hører ungdommen til.

Går over? Det var at kende Emmanuel Macron meget dårligt. Der var én, der forstod ham, og som kendte sin Manu, og derfor også tog ham alvorligt og forsvarede ham. Det var naturligvis bedstemor Manette. Hun tøvede lidt, men derefter var støtten der, fuldt ud.

Manette havde lært ham frihed, viljestyrke, mål og at satse. Det gjorde han, og Manette var der for sin Manu. Uden bedstemor var det aldrig blevet accepteret, fortæller Brigitte, der, efter Emmanuel var taget til Paris, jævnligt besøgte Manette. De to lærerinder havde den franske litteratur til fælles, ikke mindst 'La Fontaine' – og så naturligvis Manu.

"Efter nogle år lykkedes det at komme til at leve det liv,

jeg ønskede. Vi var to, man ikke kunne skille ad – og det på trods af de stærke vinde, der blæste mod os."

Det er den lette version, Emmanuel Macron giver i bogen 'Révolution'. Kampen kom til at tage mange år, for det var ikke overstået med afgangen fra den borgerlige provins og ankomsten til Paris.

Vennen Renaud Dartevelle husker overgangen.

"Hans nye liv på det parisiske elitære tempel Henri-IV kunne begynde. Det var svært. Han boede dårligt. Det hele var sket så hurtigt – men han lod sig ikke slå ud. Manu *réussit toujours* – klarer sig altid trods alle vanskeligheder. Han er altid centrum for interessen."

Emmanuel var meget langt fra, hvad drenge på den alder ellers gik op i. Pop og sociale grupper interesserede ham ikke. Han var ikke *solitaire* – enegænger – men han holdt behændigt en vis afstand. Han havde mange bekendte, men kun få venner. Renaud Dartevelle har aldrig skændtes med ham, men han har ind imellem tvivlet på, hvor nært de egentligt stod hinanden.

"Emmanuel var aldrig arrogant – det ville have været et udtryk for usikkerhed. Han indtog altid førstepladsen, det var der ingen tvivl om, sådan var også den almene holdning. Det var bare helt evident."

Vennen mener, at Emmanuel selv blev styrket af at brillere i skolen, af sine mange netværk, sine store ambitioner og sine mange interesser. Renaud forventede ikke, at Emmanuel ville gå den litterære vej, han skrev ikke særligt godt, lyder vurderingen. Hans muligheder var mange, han kunne vælge, og det blev så politik.

Historielæreren Renaud Darvelle prøver at se uhildet på den politiske karriere, der tog en flyvetur og var ved at tage pusten fra Frankrig:

"Emmanuel Macron er en god strateg – han formåede at vinde uden parti. Han sagde nej til partiernes fastfrosne rigiditet. Bruddet var sket.".

Nu lægges der op til en slags fusion mellem den socialdemokratiske kultur og den liberale vision, mener Renaud Dartevelle, og her er han kritisk over for den gamle ven.

"Emmanuel Macron forstår ikke rigtigt de sociale problemer – han ser dem ikke komme. Han ser bestemt ikke ned på folk, absolut ikke – men han forstår ikke det komplekse hos andre sociale grupperinger. Han går ind for åbenhed, forståelse, fornyelse – men forstår selv mindre behovet for sikkerhed og garanti. Der er en ulmende angst og usikkerhed derude."

Historielæreren er ikke meget for det, men giver alligevel en sidste bedømmelse af Emmanuel Macrons uventede stigen til tops fra det stort set ukendte:

"Emmanuel skabte en græsrodsbevægelse, men at regere og udøve magt er noget helt andet. Efter fascination må følge skuffelse, de folkevalgte skal først op på niveau, det kan måske komme. Emmanuel Macron blev bare den helt evidente – han blev båret frem af begivenhederne, han blev centrum for begivenhederne."

Renaud trækker lidt på det, og så kommer bedømmelsen:

"*Il a bien lu Machiavelli* – Han har læst og kender sin Machiavelli ret godt."

De to venner har ikke set hinanden de sidste 20 år.

I dagens Amiens, nærmere betegnet i nordkvarteret Le Pigeonnier, blandt de andre sociale grupperinger end der, hvor de to lægesønner voksede op i og omkring Henriville, er det hele mindre abstrakt.

Régis Quignon har gennem 25 år været socialarbejder i Amiens og kender derfor de unge og problemerne. Gennem årene har han oplevet – og det helt tæt på – de økonomiske nedskæringer, industrien, der forsvandt og tilmed et oprør i 2012 blandt de unge, der gjorde, at hans område blev udpeget til en særlig overvåget zone – ZSP.

"Ja, vi er jo en mellemstor provinsby, der er overset, vi ligger der på halvvejen mellem Paris og Lille. Der mangler arbejdspladser. Folk uden de store midler bliver altid placeret det samme sted."

"Her i byen er der folk i Nordkvarteret og så de andre – de to befolkningsgrupper mødes sjældent. I mange år var kommunisterne ved magten her i byen, i dag er byen til højre."

Manden, der gennem 25 år har arbejdet tæt på folk, er ikke i tvivl om, hvordan folk kunne mødes.

"Uddannelse, uddannelse, uddannelse. De unge skal i skole. Vi skal have ordentlige skoler, ordentlige gymnasier. Vi skal også selv, vi der er involveret i arbejdet, forny os. Vi er oppe imod mange nye udfordringer. Der er nettet, der er stoffer, der er den udbredte fornemmelse af at føle sig uden for og ikke du til noget blandt de unge. Ind imellem ender det i radikalisering."

Régis går så langt som til at tage Sokrates i ed for det helt enkle, der hedder "menneskeligt nærvær mod de negative kræfter". "Vi skal være dér, hvor de unge er. Vi skal ikke moralisere, vi skal være der som en mulig udvej, vi skal kort sagt være til at stole på. Vi skal kunne tage dem videre mod nye projekter."

Menneskeligt nærvær mod radikalisering og stoffers tomme løfter. Régis fortsætter arbejdet ufortrødent. Hvad ellers, spørger han. Hans store håb er arbejdspladser. Arbejdsløshedstallet er her oppe på 20 % for langtidsledige, over det dobbelte af landsgennemsnittet.

Her kommer så et suk. Alt er styret fra Paris, kommuner, departementer og regioner, men det er trods alt lokalt, man ved, hvor problemerne ligger og hermed også løsningerne. Régis sukker dybt – der ER langt fra Paris til provinsen, selv når afstanden bare er 120 km.

Latteren runger alligevel, mens han fortæller, at han aldrig har mødt Emmanuel Macron, men han har så sandelig noteret sig, at Macron har talt både om ungdommen og de udsatte kvarterer landet over, så han har besluttet sig til at vente og se og indtil videre være "neutral". Skulle han møde ham, og her ruller latteren igen, så ville han opfordre den unge præsident til at satse på håb, industri – og først og fremmest uddannelse.

Det var faktisk også uddannelse – og intelligens – der hjalp en ung kvinde, født i 1977, samme år som Emmanuel Macron, til at kunne bryde ud, finde frihed og følge egen vej og vilje, selv om hun voksede op i Le Pigeonnier hos sine marokkanske forældre. De to mødtes aldrig i Amiens, men derimod i Elysée-palæet, hvor Najat Vallaud-Belkacem var minister for kvinderettigheder og talskvinde for Hollande-regeringen, mens Emmanuel Macron blev økonomiminister. For begge var socialistpartiet udgangspunktet. Det tog hende lidt mere tid end Emmanuel Macron at blive kendt og få fremgang, hun har ikke helt samme selvtillid som ham, hun er afgjort mere forsigtig.

Najat Vallaud-Belkacem skulle også blive Frankrigs første kvindelige undervisningsminister nogensinde. Den post satte præsidentvalget i 2017 en stopper for, da socialisterne mistede magten. Den gik som bekendt til Emmanuel Macron. Najat Vallaud-Belkacem stillede op til parlamentsvalget i 2017, men blev ikke valgt ind. Alligevel var der mange opfordringer til Najat Vallaud-Belkacem om at overtage socialistpartiet, men hun valgte at bryde ud og gå over i det private erhvervsliv og afvente tingenes gang. Hun ville ellers med lethed kunne været blevet valgt til leder af socialistpartiet, der lå i ruiner efter præsidentvalget, hvor kandidaten Benoît Hamon kun opnåede 6 % af stemmerne. Hun valgte friheden, som Macron så ofte besynger og for nu at gå alternative veje.

Socialistpartiet præger dog fortsat hendes hverdag, da hendes mand Boris Vallaud blev valgt til Nationalforsamlingen for Socialistpartiet. Han høres ofte kritisere regeringen. Boris Vallaud var i øvrigt klassekammerat med Macron, da de begge gik på L'ENA – den berømte Ecole Nationale d'Administration – Frankrigs eliteskole over alle eliteskoler.

Najat Vallaud-Belkacem har tiden for sig, hun er som

Emmanuel Macron 40 år. Taget i betragtning, at hun er ud af en søskendeflok på 7 og er vokset op i Le Pigeonnier i en marokkansk familie, hvor mor var hjemmegående, og far var bygningsarbejder, må man erkende, at den sociale elevator i Frankrig kan fungere, selv om den knirker voldsomt og har svært ved at bevæge sig over første sal. Det har krævet hårdt slid, men det kan lade sig gøre.

”Uddannelse, uddannelse, uddannelse,” sagde socialarbejder Régis Quignon i Amiens med hang til Sokrates-citater af den hjemmestrikkede slags – den slags, der giver mening i hverdagen. Emmanuel Macron glemte heller ikke udgangspunktet Amiens. Han vendte 6. april 2016 tilbage til byen for her officielt at oprette sin græsrodsbevægelse En Marche.

Hvorfor Amiens? På grund af Manette? Der var gået mange år, siden han drog mod Paris som 16-årig og kun kom tilbage for at besøge netop bedstemor og forældrene.

En Marche-lanceringen foregik rimeligt ubemærket i selve byen. For Emmanuel Macron selv var der en del symbolpolitik. Nyt, anderledes, forankret i landet uden for Paris – og så også på et tidspunkt, hvor der officielt endnu ikke var tale om at gå videre end en græsrodsbevægelse. Han var fortsat medlem af regeringen og havde da også forklaret, at bevægelsen En Marche først og fremmest skulle hjælpe socialisterne op til valget.

Året efter mellem de to valgrunder i april og maj 2017, er Macron igen tilbage i Amiens – denne gang som præsidentkandidat. Her i slutrunden står valget mellem Marine Le Pen og Emmanuel Macron.

Macron mødes efter aftale med fagforeningsrepræsentanter i Handelskammeret. Fabrikken Whirlpool har længe været i gang med at nedskære og etablere sig uden for landets grænser, hvor arbejdskraften er billigere. Nu handler det om en decideret lukning. Fabrikken flytter til Polen. Arbejderne på fabrikken ved, Macron taler med fagforeningerne, så de strejker og demonstrerer ved selve fabrikken et par kilometer derfra. Pludselig stiger larmen.

Modkandidaten Marine Le Pen er ankommet for at understrege, at hun er med arbejderne, og i modsætning til Emmanuel Macron tør hun mødes og diskutere med dem. Hun lover at ville modsætte sig, at fabrikken lukker. "Den kan blive nationaliseret." Marine Le Pen er budskabet, arbejder for franskmændene og mod globaliseringen.

15 minutter efter – inklusive selfies og fotos – forlader kandidaten for den Nationale Front åstedet. Det er lokale medlemmer af den Nationale Front, der har arrangeret overraskelsen. Et dygtigt og planlagt stunt. Det er kun tre dage efter første valgrunde d. 23. april, og derfor for alvor startskuddet på den sidste afgørende valgkamp. Marine Le Pen har flot lagt sig i front.

Da Emmanuel Macron kort efter dukker op fra sit civiliserede møde med fagforeningsrepræsentanterne, er stemningen høj, og han er ved at blive buhet baglæns ud. Han får en megafon, og derefter går en diskussion i gang. Den bliver lang og efter demonstranternes krav uden for tv-holdene og journalisternes mikrofoner.

Resultatet halvanden time senere er håndtryk og smil, da Macron endelig forlader demonstrationen. Han investerede tiden, han ville forklare sine synspunkter, og det uden at love, at staten – hvis han vandt – ville kunne tvinge Whirlpool til at bevare arbejdspladserne. Der, hvor han mente, man skulle satse, det var at finde en køber, så arbejdspladserne kunne bevares, men staten kunne ikke gå ind og overtage sagen. Det ville være falske løfter, gentog kandidaten gang på gang, og den slags var det slut med.

"Staten kan ikke alt, den kan ikke gå ind og forbyde folk at lukke deres fabrikker. Der er ingen mirakelkur. Og nej, jeg lukker ikke grænserne."

Macron lovede at komme tilbage – og det gjorde han i oktober 2017. Med statstilskud var det lykkedes at finde en køber til fabrikken. Små 300 arbejdspladser var reddet.

Byen Amiens stemte allerede i første runde af præsidentvalget på bysbarnet. Han fik 28 % af stemmerne.

Macron satser, når han vil overbevise. Kommentator Alain Duhamel har denne beskrivelse af Frankrigs præsident:

"Han er intellektuel – og derudover går han lige på og til angreb som et næsehorn. Og det er ekstraordinært, for ikke at sige sjældent ekstraordinært – et intellektuelt næsehorn!"

A Nous Deux, Paris!

Emmanuel Macron, forfatteren in spe med sine 16 år som bagage, er på vej til Paris og det anerkendte gymnasium Henri-IV – så tæt på Panthéon og den franske historie, man nu engang kan komme.

Storheden skal dog i første omgang afsløre sig som et lille værelse med toilet på gangen. Alene, bortset fra litteraturen. Han kender sin Balzac og de berømte ord *"A noux deux, Paris!"*. Balzacs romanfigur Rastignac – en beregnende og kalkulerende karakter – er på vej til at indtage byen, karrieren, historien og udbryder: "Nu er det op til os to, Paris!"

Den 16-årige Macron råber ikke så højt, da han først er kommet til byernes by. Han må ikke alene tage toilettet på gangen i stiv arm, men oplever også, at hans karakterer falder. Han er ikke længere den ubesværede ener. Eleverne på det berømte gymnasium er stort set alle fra Paris, fra det bedre borgerskab, og mange af dem kender allerede hinanden her fra venstre Seine-bred. Der var med andre ord ikke mange provinsboere blandt dem, så selv om Emmanuel Macron også var af det bedre borgerskab, så var han fra provinsen og kendte ikke deres koder.

Når Macron ser tilbage på den tid i bogen 'Révolution', er Balzac så absolut til stede, men adgangskortet for den unge provinsbo er snarere en vis ydmyghed.

"Det var det mest fantastiske eventyr. Jeg skulle bo de steder, der indtil da for mig kun eksisterede i romanerne. Jeg kunne nu følge vejene, personerne hos Flaubert og Hugo havde taget. Jeg var båret af en brændende ambition som Balzacs unge ulve (…) Hvor jeg i Amiens år efter år med lethed havde været først i klassen, opdagede jeg nu omkring mig ukendte talenter, matematiske genier, hvor jeg selv bare var en slider. Jeg må også indrømme, at de første år i Paris valgte jeg at leve og elske i stedet for gå ind i konkurrencen mellem de studerende. Jeg havde et mål, en hel fiks og fast idé: Jeg ville leve sammen med den kvinde, jeg havde valgt, med kvinden, jeg elskede. Det ville jeg gøre alt for at opnå."

Den unge romantiker havde da også meddelt sine forældre, at hans afgang til Paris på ingen måde ville ændre hans følelser. Karrieremæssigt var det naturligvis langt bedre at få en studentereksamen fra Henri-IV-gymnasiet, det ville åbne flere døre til andre af de prestigefyldte institutioner i Frankrig. Måske fordi hans tanker var andre steder, blev han to gange afvist i sine forsøg på at komme ind på L'Ecole Normale Supérieure – en lige vej til embedsværk og administration. Han valgte da Nanterre-universitetet for filosofien, som var hans lidenskab. Og igen med egne ord lidt tilfældigt samfundsvidenskab på Sciences-Po.

Hvad der holdt ham oppe i den første svære indpasningstid, var hans kærlighedsvalg. Brigitte Macron afslører mange år senere, at det var hende, der i sidste ende overbeviste ham om, at det bedste ville være, at han tog til Paris. Det lykkedes dem da også efterhånden at kunne se hinanden i storbyens anonymitet, hvor det i Amiens var umuligt. Selv har Emmanuel Macron klart understreget, at Brigitte var den, der havde mest at miste og var den for hvem, det var sværest.

"Jeg ville have passeret forbi mit eget liv, hvis jeg ikke havde valgt Emmanuel."

Anne Fulda prøver i bogen 'Emmanuel Macron – en så perfekt ung mand' at få Brigitte Macron til at afsløre, hvornår forholdet egentlig blev til kærlighed og begyndte for alvor. Svaret lyder: "Det er vores hemmelighed."

Emmanuel Macron valgte *la liberté* – sin egen frihed og vilje over for provinsens konventioner og normer. Det samme gjorde Brigitte ud fra sit bedsteborgerlige katolske miljø, hvor hun, som den sidste af en søskendeflok på seks, nok også har været den mest rebelske. Hun gik i skole hos nonnerne, blev gift som 21-årig, fik tre børn og begyndte først som 30-årig på sit drømmejob som lærerinde. Også hun valgte i sidste ende friheden, og det var ikke let. "Valget af Emmanuel var som at kaste sig ud fra et fly med faldskærm uden bæreremme," fortæller en nærtstående.

Søstre og brødre i familien Trogneux mente, at forholdet var decideret moralsk forkert. Brigitte lukkede ørerne, koncentrerede sig om at gøre den kommende skilsmisse så let for børnene som muligt og ikke mindst forklare dem, hvorfor hun gjorde, som hun gjorde.

"Jeg har altid set Emmanuel som min samtidige. Jeg ville aldrig været taget af sted med en mand yngre end mig (…) Vor historie skal forstås ud fra, hvem han ER, ikke ud fra hans alder. Emmanuel er en sjælden intelligens med en exceptionel menneskelighed. Han er en råstyrke."

Brigitte fandt, efter år med brevskrivning med Emmanuel, et job på en katolsk velrenommeret skole i det 16. arrondissement i Paris, så nærværet kunne blive større. Først i 2006 blev hun skilt. I 2007 blev hun og Emmanuel gift. Venner, forældre, børn og børnebørn var med – og ikke at forglemme den trofaste støtte bedstemor Manette. Brudgommens tale opsummerer kampen:

"Alle her, enhver af jer, I har de sidste 13 år været vidner til, hvad vi har været igennem. I har accepteret, og I har skabt, hvad vi er i dag. Et ikke helt almindeligt par, et ikke helt normalt par – selv om jeg ikke bryder mig om det adjektiv – men et par, der eksisterer, og det er takket været jer."

Det ikke helt almindelige par skulle opleve diskussionerne fortsætte, da verdenspressen i forbindelse med præsidentvalget i 2017 fik øje på parrets historie og aldersforskellen.

Selv Donald Trump, der var inviteret til Frankrigs nationaldag d. 14. juli 2017, henvendte sig til Brigitte Macron i ublu vendinger: "*You are in really good shape. Beautiful!*" Set med franske øjne var der ikke meget raffinement over den bemærkning, som mikrofonerne opfangede tilmed tæt på

Napoleons grav. Den blev da også lynhurtigt udlagt, som om den amerikanske præsident på 71 mente, at en kvinde over 60 ikke kunne forventes at se godt ud. Heldigvis for Trump kan Brigitte Macron sin Emma Gad, det har blandt andre nonnerne sørget for.

En meget venlig og smilende taxachauffør kunne i marts 2017 i Paris fortælle, at taxachaufførerne var blevet enige om, at man da ikke kunne stemme på en mand, der havde giftet sig med en kvinde, der var over 20 år ældre end ham selv. Det nordiske vredesudbrud fra bagsædet fik den venlige mand til lynhurtigt at få en ny holdning og tilmed love at stemme. Naturligvis efter eget valg blandt præsidentkandidaterne!

Brigitte Macron blev lang tid efter valget spurgt, hvordan hun tog alle bemærkningerne om hendes person og svarede: "*Très mal, mais je me tais*" – ret dårligt, men jeg har besluttet at tie stille. Det driver over.

I dag er Brigitte Macron en meget populær person – helt i egen ret. Allerede i sommeren 2017 blev T-shirts med navnet Brigitte revet væk. I dagens Frankrig tales der ikke mere om alder – mere om at støtte sin mand og være der for ham. På sin vis et traditionelt mønster – som er mere end accepteret. Frankrig prøvede uden held i 2017 at blive enige om en førstedamestatus. I stedet har landet en hustru til præsidenten med eget budget og kontor i Elysée-palæet. Brigitte Macron er aktiv, men meget diskret. Som Emmanuels mor betroede Anne Fulda: "*Leur amour est complètement fusionnel*" – de to er smeltet helt sammen. Hun siges at være hans bedste rådgiver, fordi hun ikke er bange for at kritisere og sige sin mening. Ofte med humor. Emmanuel Macron selv har for længst gjort det klart, at Brigitte ikke er til diskussion – hun er kort sagt sammen med ham. Det kan ikke forhandles – ikke, da han var 16 og heller ikke nu.

Den 16-årige blev meget hurtigt voksen og tog ansvar for sit eget liv. Tre doktriner havde han fået med sig hjemme fra bedstemor Manette: *Travailler, persévérer, réussir* - arbejde, holde ud, gennemføre. Hertil høflighed, charme, et vindende væsen og endelig ikke at forglemme en lynhurtig opfattelsesevne og intelligens. Det varede da heller ikke længe, før Emmanuel Macron havde opbygget et netværk – og det af ret så fremtrædende venner og bekendtskaber – tit meget ældre end ham selv.

I den første tøvende tid er det en historielærer, der præsenterer ham for filosoffen Paul Ricoeur. Filosoffen har brug for hjælp til at få arkiveret sine dokumenter. Det skulle blive til to år med diskussioner, tekstforslag, læsning, som Macron selv skriver i 'Révolution':

"Med Ricoeur lærte jeg det forrige århundrede at kende og at tænke Historien. Han lærte mig med hvilken alvor man bør nærme sig visse emner og tragiske øjeblikke (...) Man skal aldrig lukke sig inde i en teori, der ikke bliver afprøvet i det virkelige liv."

Filosofien, ideerne, skulle stå deres prøve i virkeligheden. Under indflydelse af Ricoeur begynder Emmanuel Macron at nytænke. Han vender sig mod jura og økonomi. Han vælger L'ENA og kommer ind på denne stjerneskole i uddannelsessystemet – Ecole Nationale d'Administration – eliteskolen, der sikrer et job i den højere statsadministration. Skolen blev oprettet af General Charles De Gaulle efter Anden Verdenskrig. Frankrig skulle moderniseres, der manglede efter krigen unge højtuddannede ikke mindst til statsapparatet. Skolen har bevaret sin indflydelse. Op gennem årene har der været kritik af skolen for at uddanne en elite, der er klar til bureaukratisering og centralisering, men ikke gør meget ud af den kritiske sans. De er kort sagt uddannet til at adlyde, men ikke til at tage ansvar. Kritikken synes at prelle af og kaldes forældet, for selv om endnu en modernisering nok ville være gavnlig, så er prestigen og fordelene ved skolen for eleverne, de såkaldte énarques, så stor, at man ikke ønsker at se den forsvinde.

Adgangseksamenen er vanskelig. Enarquerne undervises intenst i klar udlægning af begreberne, veltalenhed og hurtig fremlægning. Man kan høre, hvor de kommer fra, trænede som de er i at være på og forelæse. Statsapparatets betydning og Frankrigs betydning - for ikke at sige storhed – indgår naturligt som forudsætning for uddannelsen. Efter fuldendt eksamen er karrieren sikret. Hver årgang bliver listet efter fortjeneste. De, der ligger øverst på listen, kan få de bedste poster.

Årgang Senghor fra 2004 nægtede at blive listet på grund af "uregelmæssigheder under den afsluttende eksamen". Statsrådet gav de studerende ret, dog først i 2007. Dette var Emmanuel Macrons årgang. Protesten var den første interne protest, siden skolen så dagens lys i 1945. Macron sagde dengang til avisen Le Monde: "Vi er en fri årgang".

Emmanuel Macron gik direkte fra skolen til, hvad politolog Pascal Perrineau kalder *l'aristocratie de la technocratie française* – det franske teknokratis aristokrati. Macron blev finansinspektør. Det var hans opgave nøje at holde øje med, hvordan de forskellige ministerier gebærdede sig, og hvordan deres fremtidsplaner var. "Det giver en fantastisk indsigt," fortæller Perrineau, mangeårig underviser og direktør for CEVIFOP – Center for franske politiske studier. Posterne går da som regel også til dem med de bedste resultater ved afgangseksamenen fra l'ENA. "Det franske teknokrati er et gigantisk netværk – et magtapparat," tilføjer Perrineau.

Emmanuel Macron skulle dog forlade det højere embedsmandsværk for at fortsætte i det private – fra finansinspektør til bankmand hos Rothschild. Her tjente han personligt så mange penge, han kunne sige sig økonomisk uafhængig. "Penge giver ikke identitet, penge er blot et middel til frihed, hverken mere eller mindre," fortalte han nyhedsmagasinet Nouvel Observateur. Dengang kunne han ikke vide, hvor meget hans formue senere skulle blive diskuteret, dissekeret, ej heller, han en dag skulle kæmpe med etiketten *le Président des riches* – de riges præsident. Den teknokratiske træning gør det ikke altid nemt at forklare sig ud over de allerede indviede kredse.

I 2012 gjorde Macron noget uventet. Han forlod bankverdenen og vendte tilbage til staten, denne gang i politisk regi – og det for socialistpartiet, nærmere betegnet præsident François Hollande. Macron blev rådgiver for præsidenten. Allerede i 2007 havde Nicolas Sarkozy gennem ministerpræsident François Fillons folk forsøgt at hyre Macron. I

2010 havde Dominique Strauss-Kahn – dengang tippet som socialistpartiets sikre vinder af præsidentvalget 2012 – forsøgt at få ham med om bord. Han kunne med andre ord tiltrække både højre- og venstrefløj. Fra 2006-2009 var Emmanuel Macron medlem af socialistpartiet. Det sluttede et år inde i bankkarrieren. Han har aldrig opstillet for partiet – og havde aldrig været folkevalgt før i 2017.

Fra sin studentertid som filosofi- og samfundsvidenskabsstuderende og fra sin tid på L'ENA havde han stiftet bekendtskab med folk, der hjalp ham frem og rådede ham karrieremæssigt. Fra filosoffen Ricoeur over Michel Rocard , tidligere ministerpræsident for Mitterrand, forfatter og rådgiver for Mitterrand Jacques Attali til rigmanden Henry Hermand, der trods det faktum, at han selv havde fire børn, betragtede Emmanuel som sin udvalgte søn. Fra den ene til den anden blev man opmærksom på den unge énarque – afgangselev med de bedste karakter fra eliteskolen – og det vindende væsen.

Mangen en énarque er gået den politiske vej – Hollande er en af dem. Han var årgang 1980 sammen med Ségolène Royal, mor til hans fire børn og tidligere miljøminister for Hollande, Dominique de Villepin, tidligere ministerpræsident for Nicolas Sarkozy, Jean-Pierre Jouyet, tidligere generalsekretær i Elysée-palæet for præsident François Hollande. ENA har været udgangspunktet for en hel politisk klasse, der "efter skoletid" mødtes igen. En ret lukket kreds, der gentager mantraet for succes generation efter generation. Siden skolens start i 1945 har den udklækket fire franske præsidenter, syv franske ministerpræsidenter samt et utal af rådgivere. Macron er med andre ord ingen undtagelse. Han skulle da også i Elysée-palæet igen møde sine gamle klassekammerater fra ENA.

Emmanuel Macron havde i princippet stadig sin Ricoeur og filosofien med under armen. Det fortæller han til Eric Fottorino i bogen 'Macron om Macron':

"Ricoeur er disciplin. Man skal altid bevare en frihed over for det, der bliver sagt, skrevet eller bekræftet (…) Manges fejltagelse er at blive bange over øjeblikkets brutalitet og derfor acceptere ikke at sige noget og ikke at reagere."

Frihed til at handle – og gøre det mod alle odds – skulle da også komme til at præge Emmanuel Macrons vej fremad på de politiske, bonede gulve. Derudover empati – for de få – men så til gengæld fuldt ud. En af de udvalgte var rigmanden Henry Hermand.

Hermand betegnes tit som en utopist – han var blevet rig gennem sit supermarkedsnet i og uden for Frankrig. Hans sociale, kulturelle og politiske interesser var, hvad der drev ham – og det på venstrefløjen. Han fulgte Michel Rocard og dennes forsøg på at skabe *la deuxième gauche* – det andet venstre, der gennem Rocard ville reformere socialistpartiet og give plads til et socialdemokrati. Rocards bevægelse voksede ud af anti-kolonialismen og ikke mindst af Frankrigs kolonikrig mod Algeriet fra 1954-62. Rocard var ikke altid populær i det socialistiske partis rækker, men nåede alligevel frem til at blive ministerpræsident under François Mitterrand i 1988. En centrum-koalitionsregering, der kom til at holde i tre år. Mod slutningen med social uro på grund af økonomiske reformer. Rocard og Mitterrand var *frères ennemis* – politiske brødre, men fjender. Både i 1981 og i 1988 var Rocard præsidentkandidat, begge gange måtte han trække sig eller vige pladsen for Mitterrand.

Udnævnelsen til ministerpræsident blev derfor set som Mitterrands måde at teste Rocard på i håb om, at han ville blive fundet for let. Det skete nu ikke, Rocard skabte fred efter voldsomme uroligheder i kolonien Ny Kaledonien og fik indført mindsteløn. I 1991 blev posten taget fra ham. Mitterrand indsatte i stedet Frankrigs første og seneste kvindelige ministerpræsident Edith Cresson. Hun holdt knap et år. "Jeg blev fyret," skulle en smilende Michel Rocard senere fortælle. Fremover valgte han Europapolitikken som sit virke. Det skulle blive hverken første eller sidste gang egoerne i socialistpartiet tog livtag.

Henry Hermand kom så tæt på Emmanuel Macron, at han var vidne ved hans bryllup i 2007. Gennem Hermand mødte Macron også Rocard, som uden tvivl har inspireret ham. Hermand havde oprettet den politiske tænketank Terra Nova – og det lige ved siden af Rocards kontor, så han deltog ofte i diskussionerne. Forfatteren Tahar Ben Jelloun har gennem årene også været med i Terra Nova tænketanken – takket været Hermand. Han husker, da Emmanuel Macron dukkede op.

"Jeg drillede ham, fordi han allerede dengang havde to mobiltelefoner: Hvad skal du med to – er du så eftertragtet?" Ben Jelloun småklukker over erindringen. "Godt klædt på, selvbevidst, diskussionslysten og sympatisk."

"Diskussionerne gik på den ny verdensøkonomi og Golfkrigen, som Frankrig var imod. Der var dengang noget moralsk over den unge velopdragne mand. Macron har fundet ideer hos Ricoeur og hos Rocard. Han er humanist med et nyt syn på historien."

Tahar Ben Jelloun er vokset op i Tanger i Marokko, men hans forfatterskab har taget ham til Paris – og det i så mange år, at han nu skriver kommentarer både i marokkanske aviser og i franske som i nyhedsmagasinet Le Point.

"Er han til højre eller til venstre? Da jeg kom her til Paris i 1971, stod kommunistpartiet for 22 % – i dag eksisterer de ikke mere. Hele diskussionen omkring Macron – er han til venstre, eller er han til højre – er ligegyldig. Han arbejder ud fra det reelle, fra virkeligheden. Faktisk kan man sige, han nu har fået folk fra venstre og højre til at arbejde sammen både i regeringen og i Nationalforsamlingen. Skal man indgå en handel på Børsen, spørger man ikke, om folk er fra venstre eller højre."

"Frankrig har brug for moral. Skal jeg resumere op gennem årene på præsidentplan: Mitterrand-årene var gode år, ikke mindst på det kulturelle plan. Chirac-årene derefter var skrækkelige. Han foretog sig ikke noget – han var sympatisk, men doven. Med Sarkozy begyndte en skæv kurs à la Berlusconi. Den moralske integritet var ikke altid til stede, og selv om man lige nu ikke har direkte beviser, så er det ikke i orden, at en præsident er retsforfulgt."

Tahar Jelloun refererer til retssagen, ifølge hvilken Sarkozy skulle have modtaget ulovlig valgstøtte i 2007 fra selveste Muammar Gaddafi – Libyens diktator. Bare fire år senere i 2011 var Sarkozy ledende i krigen mod Gaddafi.

"Og så François Fillon-sagen om præsidentkandidaten for

Republikanerne, der i offentligt regi ansatte sin kone. Hun fik betaling, men arbejdede ikke. Fillon løj om sagen, det var moralsk forkasteligt. Macron blev undersøgt op til valget – og det intenst. Her fandt man ikke noget – han lagde alt frem. Jeg har tillid til pressen. Havde der været noget, var det fundet."

"Macron er uafhængig, han taler ikke nogen efter munden, han siger sandheden, som han ser den. Han er humanist med stor kulturel bagage og høj uddannelse. Han har ikke oplevet kolonikrigene og deres rædsler, men han har et historiesyn, hvor historien og måden at se Frankrig på betyder noget. Han tænker ikke først og fremmest på at blive genvalgt, som så mange andre har gjort, inklusive Mitterrand og Chirac, og som så derefter har valgt at føre deres politik med det for øje. Det behøver Emmanuel Macron ikke. Han har helt klart så mange andre muligheder, han bliver ikke efterladt på perronen. Han har et mål ud over dagens politik. Han tænker på Frankrig i historisk betydning – Frankrig tilbage på banen. Og så arbejder han – utroligt meget."

Tahar Ben Jelloun rækker ud efter kaffekoppen. Han leder efter et kritikpunkt.

"Emmanuel Macron har et handicap: Han er ikke folkelig. Han mangler direkte kontakt til det franske folk. Han er intelligent, så han ved det. Folk har alligevel stillet sig afventende og har ladet ham arbejde, så det er et positivt tegn."

"Emmanuel Macron ER kommet godt fra start. Han har et godt navn i udlandet, det kan folk godt lide. Han vil reformere for at sikre Frankrigs plads i markedsøkonomien, men også for at sikre arbejdernes rettigheder, du kan ikke andet i et land som Frankrig, det ville være direkte bagstræberisk. Det skal han nu overbevise folk om, så de for alvor får tillid til ham. Det har altid undret mig, siden jeg kom hertil, at man ikke laver reformer, man lever bare med det, man har opnået, selv om der er enighed om, at reformer er tiltrængt. Det er Macrons chance, at der lige nu ikke er nogen opposition. Det varer selvfølgelig ikke ved, derfor har Macron travlt – meget travlt."

Tahar Ben Jelloun smiler let ironisk.

"Han har selvtillid – som man nu kan få det, når tusindvis af folk slutter sig bag én på kort tid, som det skete med bevægelsen En Marche ... Han har ingen tabu og heller ingen komplekser."

Tahar Ben Jelloun klukler. Selv tilhører han den mere diskrete type.

Emmanuel Macron siger det selv på sin måde: *"Je n'ai pas de lignes rouges – je n'ai que des horizons."* – Jeg har ingen røde linjer – jeg har kun horisonter. Drømmeren og romantikeren har fjerne mål, han ikke altid fortæller om. Audace – dristighed og at tage chancer – er del af pakken.

Alle spørgsmål rettet til skolekammerater og til studenterkammerater om hans person besvares altid med "en vis aura". Er det, fordi Emmanuel blev præsident og herefter ikke kan kritiseres? Eller skyldes det vitterligt, at Macron, så snart han som ung ankommer til Paris får samme rolle som hjemme i provinsen i Amiens – den velfunderede, venlige, opmærksomme, som ingen rigtigt kender, men som alle synes godt om? Om det så er fra eliteskolen ENA, lyder det helt som fra gymnasiet i Amiens.

"Emmanuel var absolut sympatisk, jeg var ikke med i hans

inderkreds, men der var en afgørende aura omkring ham, han forekom mere intelligent end de andre."

Boris Vallaud siger det med et kæmpesmil. Han er samme årgang som Macron fra L'ENA. I dag er Vallaud fortsat medlem af socialistpartiet og medlem af Nationalforsamlingen. Også han har været i Elysée-palæet som rådgiver for økonomiminister Arnaud Montebourg, som Emmanuel Macron skulle erstatte i 2014.

"Emmanuel levede allerede i en voksen verden med Brigitte – vi andre var stadig "forsinkede" studerende."

L'ENA var i 1991 blevet flyttet fra Paris til Strasbourg for at understrege Frankrigs europæiske engagement og Edith Cresson-regeringens ønske om decentralisering. Dengang var protesterne mange, taget i betragtning at det var i Paris, administration, politikere og indflydelsesrige personer fra den kulturelle verden og forretningsverdenen befandt sig og ikke i Strasbourg, hvor Europa-Parlamentet året efter blev placeret. I dag er der ikke flere protester, men stadig uendelig mange tog- og flyrejser.

"Hver weekend tog Emmanuel til Paris for at være sammen med Brigitte, og jeg tog til Lyon, hvor min kæreste befandt sig. Hans ny bevægelse består af individualister – helt som Emmanuel er det – og også var det dengang."

Boris Vallaud skulle et par år senere gifte sig med kæresten i Lyon – Najat Vallaud-Belkacem. I Lyon arbejdede hun sammen med Lyons borgmester, socialisten Gérard Collomb.

Collomb blev i 2017 Macrons indenrigsminister. De kendte ansigter synes aldrig at være langt væk. Najat Vallaud-Belkacem endte som omtalt også i Elysée-palæet som talskvinde og undervisningsminister – og det samtidig med sin mand, der som Macron også skulle blive rådgiver for præsident François Hollande. Boris Vallaud var både dengang og senere i Nationalforsamlingen en stærk kritiker af Macrons "elitepolitik", som han kalder den.

"Emmanuel er ung, men han ser fremtiden med gamle briller. Rocard sagde engang – og Emmanuel har gentaget det, "Frankrig kan ikke modtage alverdens fattigdom" – det har Frankrig så heller ikke gjort, så langt fra, vi er faktisk bagud. Vi SKAL tage vor del – det handler om etik og moral, om værdier og indgåede aftaler. De ny immigrationslove lover ikke godt."

En anden klassekammerat fra L'ENA Gaspard Gantzer følte sig anderledes tæt på. Macron skulle også genfinde ham i Elysée-palæet.

"Emmanuel er min ven – og jeg er mere krævende over for mine venner end over for mine fjender. Ja, jeg var med til hans bryllup med Brigitte, Emmanuel og Brigitte var så venlige at invitere mig."

Gaspard Gantzer blev fra 2014 kommunikationschef og presseansvarlig for præsident Hollande. Macron skal have været med til at anbefale ham.

"Macron var meget uafhængig og beskyttede sin frihed. Jeg var nok dengang mere til kammerater og fest. Han har et fantastisk vovemod. Han mener, han har en skæbne. Det har han så også bevist. Han er et meget frit individ. Lige nu går det godt for ham, han vinder. Han har en utrolig energi, og det gør godt. Jeg håber, det kan fortsætte – vi får se."

Gantzer ser årgang 1980 som meget politisk præget. Det

var François Hollande og Ségolène Royals årgang. De stod over for oliekrise og økonomisk krise. *La Nouvelle Génération* – den nye generation – mener Gantzer, har haft helt andre udfordringer. Årgang 2004 oplever Gantzer som meget mere præget af tidens begivenheder, kort sagt grundlaget for det 21. århundrede. Der var 11. september 2001, som ændrede verden. Og tættere på Frankrig var der 2002, hvor Front National med præsidentkandidat Jean-Marie Le Pen kom helt frem til anden valgrunde og stod over for Jacques Chirac. Muligheden for, at det ekstreme højre kunne få præsidentposten, var skræmmende. Det skete ikke, men det var tæt på. Folk vågnede op og fandt stemmeurnerne, og Jacques Chirac vandt over Le Pen med 82 %.

"2002 var derfor med til at strukturere os. Der var så derudover den digitale udvikling, en helt ny industriel revolution. Verden var så afgjort i forandring, og det skulle vi tage stilling til og forsøge at styre. Jeg tror, vi blev hurtige, vi satte spørgsmålstegn, vi blev pragmatiske, men også på sin vis beskedne, fordi vi kunne se, hvor indviklet det er. Vores rolle og ansvar er rent politisk at finde ud af, hvordan man lokalt og nationalt kan tilpasse sig, for det er nødvendigt hele tiden at være forberedte og være med."

Gantzer understreger, at dette er den største forandring siden industrialiseringen. Det er en "destruktiv kreativ proces" – med store konsekvenser – og det vil tage tid.

"Jeg er ikke bange for usikkerheden."

Nej, De er ikke, men det er der måske andre, der er – for eksempel langt fra Paris?

"Ja, men tingene skal forklares, vi skal lytte til folk, ændringerne skal vi lave sammen. Man må ikke bilde folk ind, at intet er sket, og alt er det samme. Det er jo løgn. Vi er langt fra de bitre populister, der bare surfer på frygten uden at angive løsninger. Der er meget positivt i det her. Vi lever i en fantastisk spændende epoke, hvor alt er under forandring. Jeg er ikke nervøs."

Er det et generationsspørgsmål?

"Nej, det tror jeg ikke, der er ingen alder for dristighed og vovemod!"

Lad os håbe det!

Endelig slår Gaspard Gantzer på 39 en høj latter op. Han er nu kommunikationsrådgiver med eget firma for den højere forretningsverden – og hvis man tror rygterne, på vej til at forsøge at blive den næste overborgmester i Paris, når valget kommer i 2020. Det skal siges, han langt fra er den eneste. Selvtilliden mangler ikke. Efter at have rådgivet den mest upopulære præsident i lang tid fra 2014-17, som han naturligvis forsvarer, kommer der så en sidste lektion fra tiden i Elysée palæet:

"*Je suis assez content et fier d'être français* – Jeg er ret tilfreds med og stolt over at være fransk. Vi har det bedre end andre. I hvilket europæisk land går det bedre?"

"*Danmark!*" lyder det højt og klart fra stolen over for.

"Nå ja, det ved jeg så ikke, men i Frankrig går det bedre end andre steder. Europæerne hader, at vi siger det."

Denne gang er der ingen høj latter. Derimod en lynhurtig udlægning af skabelsen af en ny økonomi, om planer for ungdommen, om kultur, videnskab og innovation. "Jeg er ikke pessimist – og siden De nu spørger: Det har Emmanuel Macron og jeg tilfælles. Vi er ikke pessimister. Jeg kæmper!" Og dét – er det så heldigvis fastslået – er der ingen aldersgrænse for.

Mødet finder sted i det fashionable hotel Hoxton i et meget åbent cafémiljø, med udsøgt høflige tjenere, og gæster – ret unge – overalt i sofaer, stole, omkring borde iført laptop og telefon. Mange i eget selskab. Det siges at være in-sted for den ny generation – tilpas fashionabelt til at bruge det til "kontor", hvor man samtidig kan blive set. Lydniveauet er meget højt, og der tales mange forskellige sprog. Gantzer har sit eget bord – så diskret, som det nu kan være i det åbne miljø. Her synes det så naturligt at spørge Gantzer, hvad han ville råde Emmanuel Macron til fremover, Gantzers præsidenterfaring taget i betragtning og ikke mindst hans nye kommunikationsbureau.

"Emmanuel skal forblive sig selv, tro på sig selv – og endelig ikke glemme sine værdier – åbenhed, frihed, lighed, men også broderskab. Jeg vil råde ham til at gøre mere for miljøet, for ungdommen, for demokratiet – og for at folk deltager i demokratiet. Det går godt for Frankrig, det går bedre!"

Emmanuel Macron selv skriver i marts 2011 i det meget anerkendte tidsskrift 'Esprit, Revue Internationale' om *Les Labyrinthes du Politique* – politikerens labyrinter. Både Michel Rocard og Henry Hermand har været knyttet til Esprit. Emmanuel Macron fokuserer på politikerens manglende ansvarsfølelse.

Politikeren lover meget i en valgkamp – og der er altid en valgkamp lige om hjørnet. Desværre bliver løfterne ikke altid holdt. Politikeren bliver fanget mellem tidens store spørgsmål (klima, offentlig gæld, regulering af den internationale finans, verdens uligheder, de aldrende befolkninger) – og så den daglige politik. Og her svigter politikerne, mener Macron. Der mangler strukturelle reformer, det bliver ved symbolske ændringer, der hverken er effektive eller gennemtænkte, kort sagt lappeløsninger for at kunne sikre sig selv ved det kommende valg. De store spørgsmål tager tid, resultater kan ikke straks fremvises, derfor skal der tænkes langt. Han efterlyser ansvar, forhandlinger og ideologi. Man skal vide, hvad man vil opnå, og det kræver en konstant debat. Det er ikke gjort med teknisk tale, der skal være ægte samfundsvisioner. Først da kan man handle og genopfinde politik.

Undertitlen på Politikerens Labyrinter var 'Hvad kan man forvente af 2012 og derefter?' 2012 var præsidentvalget, der bragte François Hollande til magten. Emmanuel Macron afslutter artiklen i Esprit med de fromme ord: "Det er, hvad vi må kunne håbe på må kunne ske i 2012 – med påtaget naivitet" – *une naïveté assumée.*

Året 2012 var så også året, hvor Emmanuel Macron gjorde sit indtog i Elysée-palæet som rådgiver for François Hollande. Senere skulle han blive hans økonomiminister. I juni 2016 blev Michel Rocard i nyhedsmagasinet Le Point spurgt, om han mente, Macron var til venstre. Rocard, der som Hermand har været med til at forme Macron, svarede: "Som ung socialist besøgte jeg partierne i Sverige, Holland og Tyskland for at se, hvordan det fungerede der. Alt det er den stakkels Macron uvidende om. Bevidstheden om sammen at bære det historiske fællesskab er forsvundet; det var vores cement, det knyttede os sammen. Han er langt væk fra historien."

"Den franske sandhed er, at man ikke længere ved, hvad der er til højre, og hvad der er til venstre. Tidligere var kriterierne for venstrefløjen at være tæt på kommunistpartiet og tæt på omfattende statssocialisme – to arkaismer, Macron har lagt bag sig. Men han er på folkets side, så han ER til venstre."

Et par uger senere, i juli 2016, døde Michel Rocard som 85-årig. I et interview i avisen Le Figaro i september samme år afslørede 92-årige Henry Hermand, at det var på hans opfordring, at Macron holdt op med at bruge betegnelserne social-liberalisme og social-reformisme. Efterfølgende brugte han ordet progressiv – *progressisme* – om sin politik og sin bevægelse. Hermand yndede og brugte tit ordet progressiv, forklarede han, fordi det var den direkte modsætning til reaktionær. Man skal altid se fremad.

Hermand var også den, der satte Macron i forbindelse med folk hos Obama for at kunne forberede en valgkamp. Hermand understregede dog i interviewet sine egne betingelser for at støtte Macron. "Det handler jo ikke om manden, om personen Macron, men om han kan gøre noget for landet, for Frankrig – ellers ville jeg modsætte mig, han stiller op."

Henry Hermand døde d. 6. november 2016. Ti dage senere meddelte Emmanuel Macron, han var kandidat til præsidentvalget 2017. I sit mindeord om Hermand skriver Macron, at Hermand kendte de mørke timer i Frankrig, kriserne og kæmpede gennem hele sit liv mod det totalitære.

"Du fortsætter min kamp for det progressive," holdt han af

at sige til mig (…) Jeg ved, hvad jeg i bund og grund skylder ham: en sikker glæde ved at være fransk og så uimodståeligt at tro på idéen om fremskridt – *l'idée du progrès.*"

Henry Hermand udgav som 86-årig i 2010 bogen 'L'Ambition n'est pas un rêve' (Ambition er ikke en drøm). Her opfordrer han den venstrefløj, han har været del af hele sit liv, til at være realister.

"Venstrefløjen ved magten måske allerede fra 2012 vil få store vanskeligheder. Den offentlige mening er allerede formet af alt for sødmefyldte meldinger og løfter, som er umulige at gennemføre. De cirkulerer blandt folk – og det vil hævne sig. I et land, hvor en ottendedel lever under fattigdomsgrænsen, og en anden ottendedel er bange for at ende der, vil man være parate til de værste eventyr."

Venstrefløjen kom til i 2012, og det blev ikke nemme år. De sødmefyldte meldinger og alt andet end realisable løfter fra oppositionen – og ikke mindst i populisternes rækker – greb om sig, mens politikermistilliden bredte sig.

I 2017 nåede Marine Le Pen frem til anden valgrunde af præsidentvalget for Front National. Det var ikke så tæt på som i 2002, men det var alvorligt nok til, at Frankrig endnu en gang måtte se perspektivet i øjnene, at det ekstreme højre i princippet kunne være på vej til at flytte ind i Elysée-palæet.

Det skete ikke. Emmanuel Macron vandt med 66 % af stemmerne. Valget af den rimeligt ukendte nye mand fjernede ikke usikkerheden, heller ikke fattigdommen, overnight. Det havde han faktisk også fortalt dem ikke var muligt, der skulle en velstruktureret langtidsplan til. Men havde de forstået, hvor meget han egentlig havde sat sig for at vende op og ned på det vante? Og ikke mindst: Var han selv klar over, hvor store forventningerne var, og hvor vanskeligt det skulle vise sig at være?

Emmanuel Macron har altid sine egne formuleringer – denne meget sigende faldt, da han ret irriteret ved et sidste internt møde i ugen op til anden valgrunde slog i bordet og udbrød: *"Celui qui a le plus envie gagnera!"* – Den, der mest ønsker det, vil vinde!

Det gjorde han så – og tog rollen på sig. Også den skulle redefineres – og efterhånden på hans egen manér.

Forføreren

I 2012 var døren åben, og Emmanuel Macron tog turen rundt i Elysée-palæet rent bogstaveligt og fysisk. Hans titel var assistent til Elysée-palæets generalsekretær – en rådgiver for præsidenten, især på det økonomiske område. Naturligt, eftersom Emmanuel Macron kom direkte fra Rothschild-banken. Jobbet gav adgang til præsidenten, til topmøder og kapaciteter fra ind- og udland. Macron befandt sig kort sagt i et magtcentrum. Den tidligere bankmand kom ikke uforberedt, faktisk havde han fra kulissen valgt at støtte den nyvalgte præsident François Hollande siden 2010.

Emmanuel Macron bevægede sig rundt i hele huset, hilste på alle og opdagede de mindste kringelkroge. Tiden som finansinspektør og tiden i banken havde afgjort givet mange gode forbindelser, men her var det på et helt andet fokuseret niveau. Emmanuel Macron kunne være sig selv – og samtidig nysgerrig og søgende. Hurtigt skulle han få tilnavnet *Le petit prince* – den lille prins. Altid venlig og interesseret, men også altid med planer ud over det, der foregår helt præsent.

I bogen 'Révolution' skriver Macron, at han ikke har så

meget at fortælle fra denne periode, eftersom han arbejdede i statens tjeneste. "De råd, man giver, tilhører modtageren – og det ligegyldigt, om de bliver fulgt eller ej. Jeg håber, jeg gjorde det godt. Af og til sikkert ikke godt nok."

Emmanuel Macron blev absolut anerkendt, men efter to år ikke nok til en forfremmelse, som han selv troede lå i kortene. En forfremmelse, der ville have bragt ham helt ind i regeringen. Det handlede om posten som statssekretær for budgettet. Nu havde han rådgivet om økonomi og eurozone i to år, og han blev tilmed anbefalet af ministerpræsident Manuel Valls, der gerne så ham på posten. Men præsident François Hollande sagde nej. At forfremme bankmanden, der aldrig havde stillet op og aldrig var blevet valgt, ville i den grad tirre venstrefløjen i socialistpartiet, der for længst havde placeret unge Macron til højre. Emmanuel Macron kendte ikke socialistpartiet inde fra. Unge, dygtige mennesker kan man udnævne til mellemposter og se, hvad de dur til, men ikke til topposter.

Hollande sagde ikke noget til Macron – heller ikke selvom de dagligt sås i Elysée-palæet. Hollande havde ellers ladet sig inspirere af Macron. Macrons idéer om en økonomisk linje med nedskæring af statsunderskud, hjælp til erhvervslivet og kontrol med det offentlige forbrug havde Hollande velvilligt lyttet til – og derefter tøvet.

Præsidenten, der startede sin tid i Elysée-palæet med at erklære, at "finansverdenen er min virkelige modstander", skulle ikke rent politisk holde det fjendebillede, men trak dog aldrig udsagnet tilbage. Finansverdenen/erhvervslivet skulle involveres for at bekæmpe arbejdsløsheden, skatterne skulle op, og underskuddet ned.

Skatten kom op for mellemindkomster og højere indkomster, og populariteten røg for alvor ned. Da skattetrykket steg til 75 % for indkomster over 1 million euro, havde Macron kun en bemærkning: "Det er Cuba, blot uden solen!" Præsidenten havde ikke informeret sin rådgiver.

Endelig var der kommet en ny generalsekretær for Elysée-palæet, nemlig Jean-Pierre Jouyet, en god ven af Emmanuel Macron. Det betød, Emmanuel ikke længere ville have så frit spil som tidligere på det økonomiske område som assistent for generalsekretæren. Jouyet var simpelt hen bedre til jobbet end den forrige, der med glæde havde givet Macron stort råderum.

Emmanuel Macron så bremserne blive slået i på flere felter og tog en hurtig beslutning. Han bad om at blive fritstillet. Han ville gå nye veje og have sin frihed tilbage. Der var planer om et kommunikationsbureau, der var planer om en bog og en startup på nettet om niveauplacering i undervisning. Fast lå det, at Macron skulle undervise på London School of Economics og også i Berlin på Hertie school of Governance en gang om ugen i "Reformism in Europe". Et helt nyt liv skulle begynde, og alt var kommet op at stå på kort tid. Politik måtte vente, nu gjaldt det andre udfoldelsesmuligheder.

Emmanuel holdt ferie og cyklede rundt i Le Touquet, hvor Brigitte Trogneux havde et hus, de nu var fælles om, da telefonen ringede. Der var kun gået seks uger, siden Macron havde forladt Elysée-palæet. Opkaldet kl. 15 om eftermiddagen d. 26. august 2014 kom fra præsidenten selv. François

Hollande manglede nu en økonomiminister – var det noget for Emmanuel?

Væk var alle betænkeligheder om *Le petit prince*, der ikke havde været igennem socialistpartiets støbeske og ikke havde arbejdet sig op gennem rækkerne med trofast indsats. Emmanuel Macron blev med sine 36 år en af de yngste økonomiministre i den Femte Republik. Han var ikke folkevalgt og fra bankverdenen. François Hollande tog et skridt mod højre med det valg, lød den interne kritik. Macron skulle da også hurtigt komme til at agere i modvind både fra partiet, parlamentet og efterhånden også i selve regeringen.

Hollande havde akut brug for en økonomiminister, da venstrefløjen i partiet – *Les Frondeurs*, kritikerne – gjorde oprør. Økonomiminister Arnaud Montebourg gik så langt i sin kritik af regeringens politik, at Hollande var nødt til at fyre ham. Hollande var både vred og ydmyget. Han havde allerede i april 2014 udskiftet sin ministerpræsident og hermed regeringen, så nok var nok. Undervisningsminister Benoït Hamon var med i kritikken. De to holdt taler ved den årlige *Fête de la Rose* – Festen for rosen – den socialistiske, naturligvis, og en del af talerne blev transmitteret på direkte tv. Vinen havde flydt på denne varme augustdag, og alle talegaver blev taget i brug. Selv om Emmanuel Macron nu var borte fra Elysée-palæet, så kunne man jo altid tage en svingom med hans idéer, som venstrefløjsmodstanderne i partiet så absolut ikke var enige i. Og så derfra til den udbredte kritik af regering – og indirekte også af præsidenten.

For Montebourg var det direkte afgang. Hamon kunne

blive, hvis han undskyldte. Det gjorde han ikke. Begge forsvandt. Det samme gjorde kulturminister Aurélie Filippetti, der også var på kritikerholdet. Hun dannede privat par med Montebourg. Ironisk nok kunne Emmanuel Macron takke Montebourg for sin meget hurtige tilbagekomst til Elyséepalæet. Det skulle dog ikke blive sidste gang, at Montebourg, Hamon og Valls kom til at krydse klinger i Rosens navn. Fløjene i socialistpartiet gik ikke længere i trit. Afstanden mellem dem blev større og større.

Benoît Hamon nåede kun at være undervisningsminister i fire måneder. Han valgte derefter at fortsætte det politiske arbejde i Nationalforsamlingen. Det gav flere sammenstød både med Valls og med Macron. Hamon dukkede dog først for alvor op igen i 2017 som kandidat i partiets primærvalg før selve præsidentvalget i 2017. Uventet og meget overraskende vandt han. Benoît Hamon – kritikeren og udbryderen - var hermed partiets præsidentkandidat.

De fleste meningsmålinger havde ikke givet ham mange chancer. Andre kendte kandidater var såmænd Arnaud Montebourg og også ministerpræsident Manuel Valls. Montebourg blev nummer tre. Tilbage i primærvalgets anden runde stod så Hamon over for Manuel Valls. Valls tilhørte højrefløjen i partiet og havde siden april 2014 som ministerpræsident stået i spidsen for den upopulære præsident Hollandes politik. Valls havde tilmed ventet med at erklære sit kandidatur, til Hollande 1. december 2016 meddelte, at han ikke var kandidat. Hollande skrev her historie. Ingen præsident havde tidligere trukket sig, siden den Femte Republik blev indført i 1958 af General Charles de Gaulle.

Hamon var hermed vinder, men så afgjort ikke ved selve præsidentvalget. I den første af to valgrunder fik han bare 6 %. Det efterlod partiet i dyb krise og med et dundrende underskud, da statstilskud ved valg afhænger af resultatets størrelse. Arnaud Montebourg havde troet på sine chancer i 2017. Hans akutte afgang i 2014 førte ham til erhvervslivet. "Made in France" var i regeringstiden Montebourgs label. Franske produkter skulle nyde fremme. Han forlod så i 2017 erhvervslivet for at vende tilbage til politik. Efter nederlaget gik turen den modsatte vej. Senest har han kastet sig over honning- og mandelproduktion.

Hollande så dengang til fra kulissen, og han har givet spurgt sig selv, om valgets udfald ville have været et andet, havde han selv besluttet sig for at stille op. Emmanuel Macrons rolle skulle blive en historisk begivenhed. Og den begyndte altså på cykel en eftermiddag kl. 15 i august 2014. François Hollande var presset, regeringen var presset, og der skulle lynhurtigt findes en økonomiminister. Hvem havde profilen? Hvem kendte forholdene til bunds? Hvem var ung, ambitiøs og ivrig? Der var kun Emmanuel Macron, forlød det. Manuel Valls og Jean-Pierre Jouyet arbejdede fra hver sin front for at overbevise Hollande. Emmanuel Macron blev igen lukket ind i varmen. François Hollande tog chancen.

I 2012 vandt socialisten François Hollande præsident-valget over Nicolas Sarkozy. Der blev først og fremmest stemt mod Sarkozy, derfor vandt Hollande. Fem år til med Sarkozy

kunne franskmændene ikke klare. I 2017 blev der stemt mod
Marine Le Pen, og det bragte Emmanuel Macron til magten.
Frankrig med det ekstreme højre i Elysée-palæet var simpelt
hen ikke muligt.

François Hollande ville være en "normal" præsident – en
mand tæt på folket. Hurtigt fik han tilnavnet *the Rain Man*, for
det regnede og regnede, hvor end Hollande bevægede sig hen.
Ved indsættelsen på Champs Elysées i åben vogn – manden
var drivende våd. Straks derefter en tur til Tyskland til den
vigtige samarbejdspartner forbundskansler Angela Merkel.
Flyet blev ramt af et lyn og måtte vende om. Da Hollande
endelig nåede frem, regnede det også i Berlin. Det skulle ikke
blive sidste gang, der var udsigt til en gennemblødt præsident.

Hollande udfyldte ikke rigtigt præsidentuniformen. Han
var for normal, for lidt reserveret og for lidt hævet over mæng-
den. Dertil kom hans manglende beslutningsevne. Han for-
søgte at balancere uden at fornærme nogen. Det varede for
længe, før han skar igennem. Økonomien forbedrede sig ikke,
og Bruxelles pressede mere og mere på for at få Frankrig til
at reducere sit underskud til de 3 % af BNP, som Frankrig
og alle andre medlemmer af den Europæiske Union havde
skrevet under på var målet. Frankrig kunne ikke blive ved
med at smyge sig uden om. Der skulle økonomiske reformer
til, og de er aldrig populære – slet ikke i Frankrig. Det skulle
så blive Macrons opgave.

Stik mod alle odds blev Emmanuel Macron en populær
minister. Det kom dog ikke til at vare så længe. Idéen var at
forny, investere og forberede industrien på i morgen, hvor

digitalisering, robotter og anden ny teknik vil tage til. Frankrig skulle have sin plads i globaliseringen. Ministeren var dog mere ambitiøs end apparatet tillod. Hurtigt begyndte man at mene, at hans planer – ikke mindst omkostningsmæssigt – gik alt for langt.

Regeringen selv var langt fra populær, så der var ikke brug for de store udskejelser. Hurtigt blev det egoernes kamp. Den unge minister blev irettesat mere, end hans ego kunne leve med. Tempoet passede slet ikke til hans mål, men han holdt ud i timevis, i ugevis ikke mindst i Nationalforsamlingen. Han ville forstås, han ville overbevise, som han altid havde gjort, men her var der så andre, der tog beslutningerne for ham. Macron var overbevist om, at loven, der tilmed kom til at bære hans navn *la loi Macron*, ville kunne stemmes igennem, men ministerpræsident Manuel Valls havde fået nok af debatten og af usikkerheden, så han skar igennem og gennemførte loven med artikel 49.3, som regeringslederen kan vælge at bruge. Med den bestemmelse kan loven gennemføres uden nogen form for afstemning. Interessant nok var det Benoît Hamon, der i Nationalforsamlingen med mange, mange indlæg fik debatten til at trække uendeligt ud. Forsamlingen afholdt sig dog fra at stille et mistillidsvotum. Det ville formentlig også have kostet regeringen livet.

Det gjorde ikke regeringen populær. Kritikken bragede. Macron var afklapset, ydmyget og smaskfornærmet. Hver gang nogen taler om Macron-loven, er det for at understrege, at alt, hvad der kom ud af hans indsats, var billige busser på tværs af Frankrig. De er billige, de er populære – ikke mindst når strejkerne bølger hos SNCF – de franske statsbaner – som det skete i mere eller mindre månedsvis i foråret 2018. Mangen en præsident og ministerpræsident havde prøvet at reformere SNCF, der opererer med et kæmpeunderskud. Lokomotivførere og jernbanearbejdere havde eksempelvis ret til pension, når de fyldte 50, selvom de ikke længere stod i røg og damp, hvad der engang var årsag til den tidlige pensionering. At stå i røg og damp gør til gengæld enhver politiker, der har prøvet at forringe nedarvede sociale privilegier.

Macron-loven var skrumpet til ikke ret meget. Den unge minister skulle vise, hvad han duede til. Han var med til at udforme en arbejdslov, men fremlæggelsen af loven i Nationalforsamlingen blev overdraget til en indtil da ret ukendt ung arbejdsminister Myriam El Khomri, der lige var blevet minister. Da stod det i hvert fald for Macron soleklart, at Manuel Valls havde sat sig for at sørge for, at Macron skulle holdes nede. Valls havde ikke brug for konkurrenter. Han havde selv sine mål. Macron skulle ikke spærre vejen.

Sjovt nok var der intet ekko hos Macron, da Valls i 2017 efter præsidentvalget kom med hatten i hånden og gerne i Nationalforsamlingen ville være med hos regeringspartiet la République en Marche (LREM). Valls måtte nøjes med at blive løsgænger med tilknytning til LREM. Valls siges nu at ville prøve at blive borgmester i Barcelona, hvor hans familie og han selv stammer fra. Erfaring, vovemod og udholdenhed kan man ikke tage fra Valls. Heller ikke ambitionerne.

Arbejdslovsdebatten, som blev fremført af Myriam El Khomri, trak ud og ud og ud – og endte som Macron-loven med ikke ret meget af det oprindelige forslag. Efter fem måneders debat måtte ministerpræsident Manuel Valls endnu engang ty til Forfatningens artikel 49.3 og gennemføre loven uden afstemning. Udgangspunktet havde været at forsøge at mindske arbejdsløsheden gennem reformer af selve arbejdsmarkedet. Det var meget vanskeligt at fyre folk, der først havde en kontrakt. Resultatet var, at arbejdsgiverne ikke hyrede eller kun gav midlertidige løskontrakter. Ironisk nok fik Emmanuel Macron en arbejdslovsreform igennem som noget af det første efter magtovertagelsen i maj 2017. *"Je fais, ce que j'ai dit"* – jeg gør, hvad jeg har sagt, jeg ville gøre. Ingen slinger i valsen.

Der blev forhandlet og diskuteret, men sagen lå klar. Det skulle være langt nemmere at hyre og fyre. Der skulle kunne indgås individuelle aftaler i de mindre foretagender med repræsentanter på stedet, hvilket fagforeningerne så som en forringelse af deres indflydelse. Til gengæld skulle der udbygges et arbejdsunderstøttelsessystem, der hjalp og sørgede for at bringe folk videre på arbejdsmarkedet.

Emmanuel Macron havde under valgkampen erklæret, han ville benytte sig af *les ordonnances* for at fremskynde arbejdet og gøre det effektivt. Denne bestemmelse giver præsidenten mulighed for at underskrive et forslag, hvorefter det så er gældende. Parlamentet skal dog først give bemyndigelse til, at bestemmelsen kan benyttes og for hvor længe. Derefter skal regeringen – ministerrådet – beslutte at gå til præsidenten. Med andre ord deltager parlamentet ikke i nogen større debat. Det er regering og præsident, der beslutter. For at blive lov, skal bestemmelsen dog ratificeres i parlamentet. Det var dog ikke noget problem for Macron, hvilket det klare flertal i Nationalforsamlingen sørgede for.

Præsident François Hollande benyttede sig 274 gange af *les ordonnances*, præsident Nicolas Sarkozy 136 gange. Det hindrede dog ikke Hollande i at kritisere brugen af *ordonnances*. Inden Hollande kom til magten i 2012, havde han også udtalt sig meget kritisk mod brugen af artikel 49.3. "Det var en brutal fornægtelse af demokratiet". Praksis kan ændre holdninger.

Socialisterne havde ikke været ved magten siden præsident Mitterrand, der kom til i 1981 og stoppede i 1996 – og så i en koalitionsregering under præsident Jacques Chirac fra 1997-2002 med ministerpræsident Lionel Jospin. Det skulle de komme til at føle. Frankrig er et konservativt land – man ved, hvad man har, ikke hvad man får. Allerede i det sene efterår 2012 bølgede demonstrationerne gennem gaderne. François Hollande ville vise sig åben over for mindretal, det gav umiddelbart ikke pote. Tværtom blev det uventet omfattende.

Ægteskab for alle – *mariage pour tous* – underforstået homoseksuelles ret til at gifte sig – skulle for alvor sætte debatten og demonstrationerne i gang. Hvad sker der med familiemønstre, med opløsningen af familier, med retten til adoption, med kirkens rolle i den verdslige republik, hvor kirke og stat har været adskilt siden 1905 og med kunstig befrugtning? Familien Frankrig protesterede – ikke mindst folk langt fra storbyerne. Homoseksuelle fik lov til at gifte sig. Sejr på venstrefløjen, vrede på højrefløjen. Hvad der skulle være et frihedssymbol, endte i splid. Det var i 2013. Selv i tørvejr regnede det på François Hollande.

Hollande fik gennemført økonomiske reformer, men meget sent i forløbet – for sent til at gavne hans eget image. Resultaterne kunne først mærkes, da det ikke længere var Hollande, men Macron, der var præsident. Havde han startet med de reformer og ikke druknet sin popularitet i demonstrationer, der i sidste ende godt nok gav homoseksuelle ret til at gifte sig, men ikke endeligt fik afklaret spørgsmålene om kunstig befrugtning, hvilket Hollande senere selv skulle beklage, havde hans præsidenttid formentlig været nemmere og hans eftermæle bedre.

På sin cykel hin augustdag i 2014 stillede Emmanuel Macron ét spørgsmål: "Kan jeg få lov til at gennemføre reformer?" Erfaringen som rådgiver for Hollande fra 2012 til 2014 havde givet ham fuld indsigt i, hvor langsommelig og vanskelig praksis kunne være. Emmanuel Macron havde i de to år været personligt meget tæt på Hollande, de svingede sammen idémæssigt, intellektuelt, begge med udpræget form for humor. "Emmanuel er den søn, alle gerne vil have," sagde Hollande til en medarbejder. Emmanuel fik da også hurtigt en særstilling og blev som rådgiver ofte sendt til udlandet for at repræsentere Frankrig. Alligevel tøvede Hollande med at forfremme Emmanuel, fordi det ville vække protester i baglandet. Så gik sønnike sin vej og det uden en placering noget andet sted, hvilket ellers ofte var kutyme. Det varme forhold kølnedes en anelse. Ved afskedsreceptionen brugte Hollande sin vante humor med ordene: "I udlandet er jeg kendt som den, der arbejder sammen med Emmanuel Macron." En kompliment, man dengang smilede venligt af.

Hollande må have bekræftet, at reformer var planen, for senere samme aften d. 26. august meddelte generalsekretæren for Elysée-palæet Jean-Pierre Jouyet, at Emmanuel Macron var ny minister for økonomi, industri og digitalisering. Emmanuel var stadig i sommerlandet i T-shirt og sommerbukser, mens de overraskede journalister allerede havde samlet sig foran hans bolig i Paris. Han måtte haste til Paris og gå i flyverskjul for at hitte en habit, der kunne være passende for en minister. Ny værdighed, ny påtvungen opmærksomhed.

Det var en frisk vind, der flyttede ind i Bercy – finans- og økonomiministeriet. Forretningslivet og industrien så frem til åbenhed og mindre bureaukrati, mulighed for investeringer og fornyelse i forhold til digitalisering og innovation. Emmanuel Macron gik på med krum hals. Han var alle steder, talte med alle – og gjorde det på den maner, der nu engang er hans. Lyttende, afventende og koncentreret om den, han står over for – som om netop denne person er den, han længe har ventet på, og som er netop den, der kan forklare ham perspektiverne. Humor, karisma og intellekt hjælper også godt til.

I magtkredse blev der talt en del om den nye minister. Der var mange, lange besøg i Bercy og ministerens kontor, og det var ikke kun industrifolk og økonomer, der passerede. VIP'er, meningsdannere og kulturfolk kom også forbi. Ministeren spredte sine vinger vidt. Populariteten var sikret.

Ministeren fik sin ilddåb i pressen bare tre uger efter, han var trådt til i en morgen udsendelse på radiostationen Europe

1. Emmanuel Macron lagde meget direkte ud om *la France Malade* – det syge Frankrig, der i den grad manglede arbejdspladser og vækst. Der skulle moderniseres og reformeres. Det var på høje tid, regeringen havde tabt alt for megen kostbar tid og helt klart, den var ikke populær. Franskmændene skulle kunne mærke, at der skete noget, at de fik det bedre. Midt i interviewet ville han give udtryk for sin sociale harme og tog et eksempel fra et slagteri, hvor folk netop var blevet afskediget. Budskabet var, at det kan gøres bedre: "De fleste afskedigede er kvinder, og mange af dem kan ikke læse og skrive. Så siger man bare til dem – der er ingen fremtid for jer her, tag et job 50-60 km herfra, og tag et kørekort. Et kørekort koster 1500 euro – og det tager et år eller mere at få det."

Ingen i radiostudiet lagde mærke til omtalen af kvinderne, der ikke kunne læse og skrive. Men det gjorde lytterne. Der rejste sig en storm mod denne arrogante minister, bankmand, *enarque* fra Paris, der troede, at bare fordi man arbejdede på et slagteri, var man *illettré*, analfabet. I virkeligheden var det bedstemor Manette, Emmanuel havde haft i tankerne, da han brugte det forbudte ord. Hendes mor kunne ikke læse og skrive, hendes far kun meget dårligt, hvilket ansporede Emmanuels elskede bedstemor til at blive lærerinde. Det var i ministersammenhængen alt for kompliceret at forklare og også for privat. Emmanuel Macron gjorde det meget overraskende, at han i Nationalforsamlingen tog ordet og undskyldte, at han havde såret folk, det havde ikke været meningen. Men *illettré* skulle blive hængende og blev fremover brugt som et eksempel på Emmanuel Macrons mangel på social forståelse.

Det var ministerens første interview – men langt fra det sidste udtryk, der vakte furore.

I princippet burde François Hollande have følt med ham, selv om det nok har ærgret ham at se regeringen hængt ud på grund af den nybagte minister. Samme september 2014 afslørede Hollandes tidligere samleverske Valérie Trierweiler i bogen 'Merci pour ce moment' (Tak for den tid), at den socialistiske præsident kaldte fattige for *les sans-dents* – folk uden tænder. De tandløse gav Hollande endnu et dyk i meningsmålingerne. Højrefløj og såmænd også socialisterne i Nationalforsamlingen bar ved til bålet. Hollande var forbavsende rolig. Macron fortsatte lige ud, alt imens han iagttog manglen på resultater.

Hollandes kommunikationsrådgiver og presseansvarlige Gaspard Gantzer, der var med fra 2014 og til de sidste dage i 2017, forsvarer naturligvis sin chef, men siger om det parti, han stadig i foråret 2018 var medlem af ("men nok ikke så meget længere"), at socialistpartiet ikke var i stand til at forny sig. "Ingen fornyelse, ingen nye ledere, man så ikke verden forandrede sig, førend det var for sent. De socialistiske idéer er ikke forsvundet, men strukturerne er totalt forældede. Øjnene var ikke åbne mod verdenen, man ville ikke se det, man ikke ønskede."

Gantzer havde været med dag for dag, men havde også måttet sande, at Hollande – trods sit vægelsind – var køligt afvejende og havde sin egen personlige agenda, som han ikke nødvendigvis afslørede for de nærmeste. Hollande havde behov for at markere sig og lægge en ny linje efter de evindelige sammenstød internt i partiet. Det skulle Macron og andre unge ministre som f.eks. Najat Vallaud-Belkacem bruges til. Ikke for ingenting havde Hollande været leder af socialistpartiet fra 1997-2008. Han kendte alle, kendte partiet og dets spilleregler indefra. Han så farerne komme. Macron skulle være garanten for reformerne, som ville møde stor modstand. De fik hurtigt betegnelsen socialliberale, en betegnelse, der nærmest var et skældsord i socialistpartiet.

På partiets årlige sommermøde i la Rochelle var "socialliberal" en vittighed, der blev brugt flittigt under det såkaldte sommeruniversitet. Macron havde, inden han så helt uventet blev udnævnt til minister, nået at give et interview til nyhedsmagasinet Le Point, hvor han gik ind for ændring af 35 timers-arbejdsugen og heller ikke var særlig venlig over for regeringen. Emmanuel Macron var derfor samtaleemne, og han fik så hatten passede. Manuel Valls have rådet Emmanuel Macron til ikke at deltage – et råd, Emmanuel med glæde tog imod. "Han skulle arbejde."

Valls selv nævnte kun den nybagte minister kort ved navn og gik derefter lynhurtigt videre til andre for forsamlingen mere acceptable nyankomne som Najat Vallaud-Belkacem. Der var ingen grund til at tirre gemytterne. Ministerpræsident Manuel Valls slog da også fast, at der ikke skulle ændres ved 35 timers-arbejdsugen. Alt dette i dagene kort efter udnævnelsen, reformerne var endnu ikke forelagt.

Hollande skulle senere gå så langt som til at kalde sig selv "socialist og socialdemokrat, men ikke liberal". Men i første omgang var det Macron, der måtte stå for skud. Det var da også en mulig ændring af 35 timers-ugen og spørgsmålet om søndagsåbent, der nær havde taget livet af den unge ministers første forsøg på reformer. Natteseancer i Nationalforsamlingen, hvor ikke kun socialister men også højrefløjen skød med skarpt mod denne ændring af familieliv og samfund. Søndag skulle holdes fri. Benoît Hamon fra den forsmåede venstrefløj var ikke i tvivl om, at forslaget først og fremmest gavnede arbejdsgiverne og deres profit. Det ramte derfor arbejdernes sociale rettigheder. Hollande og Valls besluttede at ty til Forfatningens artikel 49.3. Hermed var Emmanuel Macron sat på plads.

Der blev indgået en aftale – søndagsåbent kunne gennemføres i turistområder i storbyerne og ved kommercielle centre, hvis man ønskede det. Lokalt i hele landet kunne borgmestre beslutte, om det var ønskeligt. Dog kun 12 gange om året. Naturligvis med ekstra betaling for dem, der arbejdede om søndagen.

Den unge minister skulle hurtigt tage ved lære. Han gik sine egne veje uden om de koder, man forventede af ham. Han lancerede nye reformer for nye økonomiske muligheder, men blev gang på gang stoppet af ministerpræsident Valls. Indtil da havde Valls stået for modernisering – nu var det Emmanuel Macron, der stjal billedet som fornyer til ministerpræsidentens tydelige irritation.

Emmanuel Macron var på. I dagene efter hans udnævnelse havde sladderbladet Closer fundet frem til den unge ministers kone Brigitte Macron, hendes fortid som hans dramalærerinde og aldersforskellen på 24 år. Macron sendte sporenstregs gennem sin advokat magasinet en advarsel om retten til privatlivets fred. Han så rødt. Closer havde samme år i januar fået et blakket ry, efter man skrev pressehistorie med paparazzibilleder af præsident Hollande på scooter, iført hjelm og i færd med at smutte ud ad bagindgangen fra Elysée-palæet og hen til elskerinden, som bladet også kunne afsløre var skuespillerinde og producent Julie Gayet. Det vakte ikke glæde hos Valérie Trierweiler, som i de seneste syv år havde levet sammen med François Hollande, da hun erfarede nyheden intetanende og vel installeret i Elysée-palæet. Hollandes smilende ansigt under hjelmen gik verden rundt. De franskmænd! I Frankrig vakte det nogen kritik, at præsidenten smuttede rundt i Paris uden livvagt. Der var ingen fridag for den franske præsident.

Macron besluttede selv efter oplevelsen med Macron-loven at tage skeen i den anden hånd i forhold til populærpressen. Han valgte at svinge taktstokken selv. Han fik gode råd af Michèle Marchand, direktør for agenturet Bestimage og populært kaldet Dronningen af Paparazzi. En dame med indflydelse i den verden, der kunne afgøre, hvem der kunne gøre hvad og hvordan. Ugemagasinet Paris Match kunne, når det var opportunt for Macron, bringe forsider af det smilende ægtepar Macron. Da Macron kunne se enden på sin karriere som økonomiminister og frem til en ny tilværelse derefter, blev det brugt så meget, at gamle trofaste Henry Hermand i sit sidste interview følte sig kaldet til at kritisere den "populistiske tendens". Også Jacques Attali, Mitterrands nære rådgiver, der som Hermand havde været tæt på den unge Emmanuel stort set, siden han begyndte at studere i Paris, var ude med riven. Han havde som så mange andre observeret strømmen af besøgende i økonomiministerens kontor i Bercy – og det fra alle kredse: videnskab, økonomi, industri, kultur, men også *Tout Paris* – de kendte i Paris og det lokale Hollywood. På sin vante ironiske, lidt vrisne facon bemærkede Attali tørt: "Man kan sige så meget, det er ikke kun Nobelpristagere, der bliver modtaget af økonomiministeren."

Frankrigs optagethed af arbejdsløshed, økonomisk krise, skatter, voksende fattigdom og politiske fiflerier skulle bogstaveligt talt blive skudt i sænk en kold januar i 2015. Bevæbnede mænd skaffede sig adgang til redaktionslokalerne på satirebladet Charlie Hebdo og skød på alt og alle. 12 omkom, kunne præsident Hollande meddele mindre end en time efter angrebet. Han var på stedet.

To dage efter fulgte et nyt angreb i det jødiske supermarked Hyper Cacher med gidseltagning. Et ganske almindeligt supermarked i et fredeligt kvarter, som blev valgt, fordi det var jødisk. Fire omkom, og attentatmanden havde forinden dræbt en politibetjent. Det første attentat skulle Al Qaida tage ansvaret for. Det andet meddelte Islamisk Stat, at de stod bag. I alt blev 17 dræbt og 22 såret.

Charlie Hebdo havde i ytringsfrihedens navn mangen en gang taget fat på Muhammed og tegninger af ham i satirens navn. "Allahu Akbar!" og "Profeten er hævnet!" råbte attentatmændene, mens de skød løs. Det var tidspunktet for redaktionsmødet. Otte journalister blev mejet ned på stedet. Attentatmændene forsvandt. Jagten på dem fortsatte i to dage. De blev fundet og dræbt. Frankrig blev sat i allerhøjeste alarmberedskab.

Gidseltageren i det jødiske supermarked var ven med attentatmændene fra Charlie Hebdo. De var alle vokset op i Frankrig. Brødrene Kouachi stammede fra Algeriet, gidseltageren Coulibaly fra Mali. Den ene af brødrene havde mødt Coulibaly i fængsel, begge var de indsat for mindre forbrydelser. Fængselsopholdet resulterede i radikalisering. Et velkendt mønster, skulle det vise sig. Begge brødre havde været i træningslejre i Yemen, organiseret af Al-Qaida.

11. januar 2015 skulle Paris opleve en stille march gennem byen, der skulle gå over i historien. 44 statsledere fra hele verden var samlet og gik arm i arm gennem Paris. Franske politikere og regering fulgte. Alle trosretninger var repræsenteret – jødiske ledere og muslimske ledere side ved side. Det var gribende øjeblikke, hvor verdenssamfundet sagde nej til den blinde vold. Hollande viste sig som en værdig statsleder, der på ingen tid på trods af sikkerhed og højeste alarmberedskab var i stand til at kalde verdenssamfundet til Paris i Frihedens, Lighedens og Broderskabets navn. Jordans konge Abdallah II, David Cameron, Matteo Renzi, Helle Thorning-Schmidt, Petro Porosjenko fra Ukraine, Benjamin Netanyahu og et stykke væk Mahmud Abbas. Hollande tog Angela Merkel under den ene arm – "I Frankrig er det sådan, vi demonstrerer, arm i arm" – og Malis præsident Ibrahim Boubacar Keïta under den anden. Keïta havde insisteret på at være der. Han mente, at Frankrig var et mål for terrorismen,

fordi Hollande for to år siden i 2013 sendte tropper til hans land Mali for at bekæmpe Al Qaida.

FN – de Forenede Nationer – gik langsomt, men sikkert samlet i Paris. Barack Obama manglede – ikke, fordi han ikke gerne ville, men fordi Secret Service af sikkerhedsgrunde ikke ville tillade det. Rusland var repræsenteret ved udenrigsminister Sergej Lavrov.

Og vigtigst af alt deltog det franske folk. Op mod to millioner mennesker var på gaden i Paris. Mod vold og for frihed under sloganet "Je suis Charlie" – Jeg er Charlie. Afmagten og angsten var der, men også sammenhold og vilje til at sige nej. Frankrig stod stadig for menneskerettigheder. Rent symbolsk skulle de beskyttes. Det var emotionelle dage – for trosfrihed og ytringsfrihed.

Det skulle blive den største demonstration nogensinde i Paris, og den forløb fredeligt. Over to dage gik samlet fire millioner på gaden i hele Frankrig. Franskmændene var forenende og stolte over at være franske. Det var dage, hvor man så hinanden i øjnene. Det var også dage, hvor der blev længere ud til forstæderne, *la banlieue*, i Paris – og endnu længere fra forstæderne og ind til Paris. Langt de fleste muslimer i Frankrig har en lige så verdslig indgang til dagligdagen som resten af franskmændene, men det er ingen hemmelighed, at Muhammedtegninger ikke er noget, man er ynder af. Det fik også flere arabiske lande til ikke at deltage, men alle kondolerede.

Politikerne fra højrefløjen og længere ude havde først beskyldt regeringen for at udnytte situationen til egen fordel. Derefter fulgte kravene om større sikkerhed og overvågning af radikale tendenser. Forstæderne kom igen i fokus. De følte sig angrebet for noget, de ikke havde gjort eller kunne tænke sig at gøre. François Hollande fik status af statsmand og steg i meningsmålingerne. Det gavnede ham også, at hvad der blev en fiasko i København, blev en succes i Paris i 2015 – nemlig klimatopmødet Cop21. Det blev taget med tang og lange forhandlinger, men sejren kom i land. Frankrig kunne sole sig. Uheldigvis skulle den amerikanske præsident Donald Trump i 2017 trække sig fra den underskrevne aftale og lade klima være klima. USA var vigtigere og først og størst. Frankrig med præsident Macron ved roret svarede igen med "*Make Our Planet Great Again*". Klimakampen fortsætter.

USA udeblev også i august 2013, da Hollande var klar til at sætte militært ind i Syrien over for Bashar al-Assad. Hollande havde længe talt for at afsætte Assad og indsætte en overgangsregering. Det blev mødt med veto i Sikkerhedsrådet. I august var Hollande overbevist om, at Assad stod bag angreb med kemiske våben. Nu var det på tide at gribe ind, mente han, og det uden om FN's Sikkerhedsråd, hvor Rusland og Kina ville nedlægge veto. Storbritannien ville ikke medvirke, Obama sagde fra, og alene var det ikke muligt for Frankrig. Hollande var dybt skuffet.

I 2018 mente Emmanuel Macron, at Bashar al-Assad endnu en gang havde overtrådt den røde linje med kemiske angreb. Denne gang slog Frankrig til sammen med Storbritannien og USA – uden om Sikkerhedsrådet. Det var hurtige nedslag – ind og ud – fra skibe i Middelhavet for at ramme kemisk industri og produktion. Russerne var blevet advaret om angrebene på forhånd. I 2018 var det Rusland og Iran, der var de store spillere i, hvad der var tilbage af Syrien.

Fra 2014 var Frankrig med i koalitionens angreb mod Islamisk Stat i Irak og Syrien. Allerede fra 2013 var Frankrig i Mali og senere i Sahel med samme formål. De er der stadig og kan næppe i nærmeste fremtid opgive engagementet, hverken interessemæssigt eller sikkerhedsmæssigt, selv om man ikke kan påstå, at det nogen af stederne for alvor har givet resultater.

Og så skete det igen. Den 13. november 2015. En lun novemberaften i Paris. En aften, der isnede gennem marv, ben og forstand. En fredag aften fuld af mennesker på caféerne i den for november usædvanlige milde temperatur. Over 130 mennesker omkom på få timer. Over 400 blev sårede. Attentatmændene skød på må og få, kørte rundt og plaffede ned, gik til angreb på det berømte spillested Bataclan midt i en koncert. 80 omkom alene der. Det var åbenbart ungdommen, der var målet her i det 10. og 11. arrondissement, og det i et meget blandet kvarter, hvor etnicitet ikke er et spørgsmål, ej heller hudfarve eller religion. Et ungt kvarter, hvor man bare lever sammen. Havde angrebene i januar 2015 været rettet mod Charlie Hebdo og det jødiske supermarked Hyper Cacher, kunne man gennem de islamistiske tåger se en retning mod ytringsfrihed og mod religionsfrihed. Her var der ingen retning overhovedet, det handlede blot om at dræbe så mange som muligt. Det var en aften og nat, der rystede Frankrig, men samtidig var det dage, der fik Paris til at vise sig fra sin flotteste og mest værdige side. "Paris overgiver sig aldrig."

Præsident François Hollande var den aften til en fodboldvenskabskamp mellem Frankrig og Tyskland på national-stadionet Stade de France. Ved hans side sad Frank-Walter Steinmeier, Tysklands udenrigsminister, og nummer to i Angela Merkels regering. Gaspard Gantzer, presse- og kommunikationschefen, var selv til stede og beskrev aftenen i bogen La politique est un sport de combat (Politik er en kampsport). Hollande og Gantzer hørte midt under kampen nogle dumpe lyde. Det skulle vise sig, at Frankrig netop havde fået sine tre første selvmordsbombere. Tre mænd havde sprængt sig selv i luften uden for stadion. De var blevet afvist af sikkerhedsvagterne, derfor skete det udenfor og heldigvis ikke inde på selve stadion.

Hollande blev hurtigt orienteret. "Hvor mange ofre er der?" Nu gjaldt det om ikke at skabe panik. 80.000 befandt sig på stadion. Det kunne blive totalt kaotisk. Hollande besluttede, at kampen skulle fortsætte og anmodede om, at TF1 – tv-stationen, der transmitterede kampen – ventede med at omtale bombeeksplosionerne. Kort efter fik Hollande besked om de omfattende skyderier i Paris. Han og følget forlod diskret stadion. Et krisemøde blev holdt i Elysée-palæet, så snart præsidenten var fremme. Den aften blev der af sikkerhedsgrunde indført undtagelsestilstand.

Hollande holdt en kort tale og tog derefter til Bataclan, spillestedet, hvor tre mænd dræbte uhæmmet. Gaderne omkring de små caféer Petit Cambodge, Carillon og Belle Equipe var afspærret. Ingen kunne vide, om der ville ske flere angreb. Folk blev opfordret til at holde sig inden døre. Gerningsmænd var på flugt, en menneskejagt var i gang.

Terror og øget sikkerhed var flyttet ind i Frankrig. Og bor der stadig.

Stille, meget stille dage skulle følge i Paris. Blomsterhav efter blomsterhav var at finde ved de små ramte caféer. Folk var fortsat blevet bedt om at holde sig inden døre hen over weekenden, men folk søgte sammen, søgte hinanden for at holde afmagten ude. Talte med hinanden. Angsten skulle ikke få lov at få overtaget. Mandag blev der holdt et minuts stilhed.

Uden for Café des Anges – Englecaféen - i rue de la Roquette var der tændt levende lys. Blomsterhavet var hvidt. Folk fra Englecaféen havde fredag aften fejret Hodda Saadi og hendes 35-års fødselsdag på caféen Belle Equipe. De kendte alle hinanden fra Englecaféen. Den 13. november kom gæsterne ikke hjem fra Belle Equipe. 20 blev dræbt, de 10 var fra Englecaféen. Mandag stod vi i stilhedens Paris foran Englecaféen. Unge og gamle, kendte og ukendte, vi nåede tilfældigt caféen klokken 12, tiden til ét minuts stilhed. Alle var dybt bevægede, alle omfavnede hinanden, som for at holde fast i det tætte øjeblik. I Café des Anges var der latter under frokosten til ære for de, der ikke længere var. "Vi er endda ikke særligt politiske," sagde en ung far, "vi har det bare godt her i kvarteret."

Sorgen fik mange udtryk. På Facebook skrev journalist Antoine Leiris en tekst, mange skulle tage til sig:

"*Vous n'aurez pas ma haine*," – "jeg vil ikke hade jer, det fortjener I ikke," skrev Leiris. Hans elskede kone Hélène blev dræbt under koncerten i Bataclan. Han var nu alene med sin 17 måneder gamle søn Melvil. "Jeg skal leve for Melvil, hans våben skal ikke være kalashnikovs, det skal være kunst og kultur, det skal være pen og papir, han er allerede god til at tegne."

Islamisk Stat tog ansvaret. Gerningsmændene var små fisk fra kvarteret Molenbeek i Bruxelles. De var tilsyneladende fjernstyret fra byen Raqqa i det nordlige Syrien, dengang centrum for Islamisk Stat. De samtidige angreb var omhyggeligt planlagt. Kun én gerningsmand blev fanget, Salah Abdeslam. Det lykkedes ham at gemme sig i månedsvis. I dag sidder han i topsikret fængsel. Fra arrestationen i marts 2016 til juni 2018 sagde han ikke et ord. Da han endelig åbnede munden, var det med en indlært retirade: "Emmanuel Macrons tørst efter magt og berømmelse får ham til at lade muslimernes blod flyde. Territoriet vil ikke være sikkert, så længe det fortsætter (…) når muslimerne bliver angrebet, må de forsvare sig (…) I er kun ramt af jeres lederes fejltagelser." Han svarede fortsat ikke på et eneste spørgsmål. Han er kameraovervåget dag og nat og sidder i isolation. Han vil ikke længere have nogen advokat. Hans første advokat i Belgien, hvor han var blevet fanget, Sven Mary, opgav med denne afskedssalut: "Han er en lille nar med en intelligens som et tomt askebæger."

Da Salah Abdeslam blev udleveret til Frankrig, var det den franske stjerneadvokat Eric Dupond-Moretti, kendt for sin noget frembrusende stil, der forsvarede ham på fast og lovet betingelse af, at han udtalte sig. Dupond-Moretti måtte også opgive, da Salah Abdeslam ikke holdt ord. Han forblev tavs. Tavsheden – og kun den – var hans forsvarer.

Hollande gav ordre til, at der blev sat ekstra stærkt ind mod Islamisk Stat i Raqqa. Bombningerne fra fransk side blev intensiveret med reference til angrebene i Paris den 13. november. Hollande steg i agtelse og i meningsmålingerne. Det stoppede ikke terroren. Terroristerne bruger – som Salah Abdeslam – ofte koalitionens bombninger som en af årsagerne til terroraktionerne.

Tre dage efter attentaterne samlede Hollande parlamentets to kamre Nationalforsamlingen og Senatet til kongres på Versailles-slottet. Det sker kun under særlige omstændigheder, når præsidenten har noget at meddele. François Hollande ønskede på baggrund af terroraktionerne at ændre forfatningen og få undtagelsestilstanden skrevet ind i den. Desuden skulle det fremover være muligt at fratage det franske statsborgerskab fra folk med dobbeltstatsborgerskab, selv om de var født i Frankrig, hvis de havde begået terrorhandlinger. Den dag blev der klappet i kongressalen i Versailles, men det gjorde der ikke i parlamentet, da den politiske debat begyndte.

Det var ministerpræsident Manuel Valls, der havde presset på i de meget emotionelle dage. Tidligere havde Hollande været imod fratagelsen af statsborgerskab. Det var en tilbagevendende idé fra højrefløjen og den Nationale Front. Det faldt socialisterne for brystet, at Hollande nu fremførte samme idé. Udgangspunktet var, at man ikke kan gøre folk statsløse. Var der to slags franskmænd? Var folk, som var født i Frankrig, ikke franske, selv om de havde dobbelt statsborgerskab? Det var at stigmatisere folk.

Debatten bølgede frem og tilbage i fire måneder. Justitsministeren, den på venstrefløjen populære Christiane Taubira, trådte tilbage i protest. Ministerpræsident Valls fandt en ny formulering, hvor folk med dobbeltstatsborgerskab ikke blev nævnt, kun muligheden for at fratage statsborgerskab. Det ville Senatet, hvor højrefløjen havde flertal, ikke anerkende, de vendte tilbage til det dobbelte statsborgerskab.

Emmanuel Macron – økonomiministeren – var gået imod forslaget og hermed mod regeringen. "Man kan ikke eksportere problemerne," sagde han offentligt, tilmed dagen før Nationalforsamlingen skulle stemme om fratagelsen af statsborgerskabet. "Man forhindrer ikke terroren ved at sende folk ud af landet." Ministerpræsident Valls var rasende.

30. marts skar præsident Hollande endelig igennem. Præsidenten renoncerede på forfatningsændringen. Sagen var hermed slut – troede han. Det var først langt senere, det gik op for ham, hvor megen politisk credit, han havde tabt i den sammenhæng.

Et par uger efter, d. 6. april 2016 i Amiens var En Marche, Macrons græsrodsbevægelse, en realitet. "*Je cours, je cours* (jeg løber, jeg løber) var Hollandes humoristiske replik til Macrons En Marche. Hollande var blevet advaret om, at den unge minister var meget ambitiøs og sikkert havde store drømme. "Lad ham bare prøve kræfter," lød svaret fra Hollande, da han blev advaret. Hollande – og mange andre – vidste udmærket godt, at Manuel Valls, ministerpræsidenten, også havde store drømme. Hollande lod dem udfordre hinanden. Han havde heller ikke selv besluttet, om han selv skulle forfølge drømmen og genopstille til præsidentposten i 2017. Han var steget i meningsmålingerne.

14. juli 2016 på det tidspunkt, hvor det store fyrværkeri i

Nice for at fejre nationaldagen netop var ved at være afsluttet, pløjede en 19 ton stor hvid lastbil ind i folkemængden. 86 blev dræbt, 437 blev såret. Alt, hvad der skulle til, var en enkelt mand og en lejet lastbil. Islamisk Stat tog med vanlig omhu hurtigt ansvaret. På arabisk hedder islamisk stat Daesh – et ord, der ud over den direkte oversættelse også har en undertone af "de, der tilintetgør alt" – og det var netop, hvad der skete i Nice den aften. 19 nationaliteter var blandt de dræbte.

Hollande havde dagen forinden meddelt, at undtagelsestilstanden ville ophøre d. 26. juli. Nu blev den forlænget. Stemningen vendte sig mod Hollande. Der blev ikke gjort nok for at sikre befolkningen mod terroren, lød det. Hvordan sikre sig mod den ny fattigdomsterror, som Daesh nu opfordrede til? Kør bilen ind i mængden, brug en kniv, dræb fjenden. Attentatet blev ikke det sidste, Frankrig skulle opleve.

30. august forlod Emmanuel Macron regeringen. Når han blev spurgt, handlede det om arbejdsloven, den økonomiske politik og om fratagelsen af statsborgerskab i terrorregi. Han havde oplevet kampene mellem højre og venstre internt i partiet og i Nationalforsamlingen og havde besluttet, det var på tide endnu engang at vælge friheden. Præsident François Hollande tog ham det meget ilde op, selv om Hollandes rådgivere havde gjort ham opmærksom på, at noget var i gære. Han var vred og skuffet. Da Macron forlod regeringen, fortalte han Hollande, at han altid ville støtte ham.

Gaspard Gantzer gengav Hollandes reaktion i bogen 'Pa Politique est un sport de combat' (Politik er en kampsport): "Han sagde, han gik sin vej, fordi han ikke havde mulighed for

at handle. Det var ikke mod mig, han ville altid støtte mig …
Jeg troede ham ikke, han valgte at spille sine egne kort. Han
understreger splittelsen, nu da vi har behov for at stå samlet."

Ministerpræsident Manuel Valls skulle være den næste,
der gik for at spille sine egne kort. Han benyttede sig af bogen
'Un président ne devrait pas dire ça' (Det burde en præsident
ikke sige) til at kritisere den allerede udskældte præsident
Hollande. Bogens forfattere, Gérard Davet og Fabrice Lhomme,
som begge er journalister ved avisen Le Monde, havde fået lov
til at interviewe Hollande gennem flere år. Hollande havde
været usædvanlig åbenmundet og havde inviteret dem hjem.
Han følte sig tryg og i gode hænder. Det gjorde han bestemt
ikke, da bogen udkom.

Manuel Valls lagde for. "Det er uansvarligt, oprørende,
uforsvarligt, det kan ændre alt. Jeg kan ikke se, hvordan han
efter det kan føre valgkampagne. Det ligner et politisk selv-
mord. Nu må vi undgå, at det bliver til et kollektivt selv-
mord." Det kan godt nok også – selv for en præsident – være
svært at slippe uskadt fra at kalde "dommerstanden for en
fej forsamling." Dommerstanden protesterede. Frankrigs
stjernefodboldspillere fulgte trop, da de blev beskyldt for at
være "uden værdier og referencer. De går direkte fra at være
dårligt opdragede drenge til at spille ultrarige stjerner uden at
forberede sig. Fodboldforbundet burde indføre uddannelse i
"hjernegymnastik". François Hollande måtte ud at undskylde.

Præsidenten afslørede også, han i fire tilfælde havde
beordret likvidering af folk, der udgjorde en trussel mod
Frankrigs sikkerhed – formentlig terrorister – i de såkaldte

Opérations Homo. Kritikken haglede ned fra Hollandes egen udenrigsminister til højrefløjens beskyldning om præsidentens kolportering af militærhemmeligheder. Den slags taler en præsident ikke om.

Det vakte ligeledes furore, at den socialistiske præsident mente, at socialistpartiet burde begå "harakiri og opløses". I stedet burde der dannes et nyt progressivt parti. Det var ikke jubel, der brød ud i partiet over præsidentens frimodigheder.

François Hollande følte sig forrådt, han havde ikke forestillet sig, at de to Le Monde-journalister ville viderebringe, hvad der var sagt i fortrolighed. De to journalister tog i øvrigt ikke telefonen, når præsidenten ringede. Det var ikke glorværdige dage for præsidenten. I meningsmålingerne var præsidenten nede på sølle 11 %.

Emmanuel Macron skulle huske, at snaksalighed og journalister kunne blive en farlig cocktail. Han var mere end forbavset over, hvor langt præsidenten var gået. Selv var han travlt optaget af store møder for En – Marche – E.M. for Emmanuel Macron. En uge efter lanceringen 6. april havde En Marche 13.000 medlemmer, i slutningen af maj 50.000, i oktober 80.000, i november 100.000 – og ved valget i maj 2017, 285.000 medlemmer. Emmanuel udøvede sin charme – det var nye toner og nyt håb.

16. november talte Emmanuel Macron i Bobigny om Frankrig, der var blokeret, Frankrig, der ikke fulgte med tiden og gav folk chancer, et Frankrig, hvor den politiske klasse var optaget af sig selv og deres klaner og ikke af, hvordan folk havde det. Macron annoncerede den "demokratiske

revolution" – og erklærede, at han hermed stillede op til præsidentvalget i 2017. Reaktionerne gik fra de målløse til de forargede – og til de meget begejstrede. Han tog chancer og skød højt. Det politiske parnas var overbevist om, at det ville blive en maveplasker.

Det hele gik meget stærkt. Heldet var på Macrons side endnu en gang. Det var bestemt en fordel, at Republikanernes endelige præsidentkandidat hed François Fillon og ikke den mere moderate og åbne Alain Juppé, som alle ellers forventede ville vinde Republikanernes primærvalg i november 2016. Fillon var så absolut på højrefløjen i partiet og ikke særlig populær efter at have været ministerpræsident under præsident Nicolas Sarkozy. Tidligere præsident Sarkozy troede, han havde partiet formet efter egne ønsker. Han blev dog kun nummer tre i første runde af primærvalget i november 2016. Førstepladsen gik til hans tidligere ministerpræsident François Fillon og på andenpladsen Alain Juppé, ligeledes ministerpræsident, men under Jacques Chirac. I anden valgrunde vandt François Fillon. Sarkozy meddelte – ligesom han havde gjort det i 2012 – at nu trak han sig fra politik.

Den 1. december 2016 gik præsident François Hollande på fransk tv med en kort meddelelse: "Jeg er klar over, hvilken risiko det ville være i denne situation, hvor jeg ikke kan samle tilstrækkeligt bredt omkring mig. Derfor har jeg besluttet ikke at være kandidat til præsidentvalget for at forny mit mandat." Hollande opgav muligheden for at blive genvalgt. Franske præsidenter kan sidde i to gange fem år. Det var første gang i den Femte Republiks historie, at en præsident tog beslutningen om at vige pladsen.

10. december holdt Emmanuel Macron sit første store valgmøde i Porte de Versailles, Paris. 15.000 deltog. Når Macron taler, taler han i timevis. I starten var han ikke klar over det, senere skulle han tit sige: "Man fortæller mig, at jeg taler for længe, jeg skal bestræbe mig på at gøre det kortere." Talerne fortsatte med at være alenlange. Macron taler til folk – og med folk. Salen lever.

Denne første pariseraften var atmosfæren så begejstret, at han selv lod sig rive med. Kandidat for arbejde, for udvikling, for klima, for investering, for lighed, for skolen, for et godt liv, for fred, for Frankrig i det 21. århundrede og i Europa.

Ingen skulle være i tvivl om, hvor Emmanuel Macron stod. Han valgte at citere præsident François Mitterrand: *"Le nationalisme, c'est la guerre!"* (nationalismen er krig) for at understrege, at Frankrig ikke skulle være et lukket Frankrig. Frankrig havde sin plads på verdensscenen og ikke mindst i Europa. Han var ret alene om at fremhæve "Europa, der beskytter" her så kort før præsidentvalget. Europakritikken var lang mere gangbar. Den blev flittigt brugt – både til højre og til venstre, men ikke hos En Marche.

Det var en tale om håb, om muligheder, om *"yes, we can"*, vi kan finde vor frihed, vi kan vælge, intet er forudbestemt. Talen sluttede: "Jeg har brug for jer. I kan vinde, I vil gøre det, det er vores projekt. *Vive la République et vive la France, merci à vous, merci à vous.*"

Macron lod sig rive så meget med, at stemmen nærmest

knækkede og endte i diskant. Nu himler han, var den første tanke, det var så afgjort Emmanuel på mission. Marseillaisen tog over. Jublen ville ingen ende tage. *"Allons enfants de la Patrie!"*

De forførte, modstanderne og andet godtfolk

En Marche var i bogstavelig forstand en græsrodsbevægelse. Det begyndte på Facebook i det helt små og voksede sig stort på ultrakort tid. Fra først i april var det på en hjemmeside muligt at melde sig ind, det var gratis, og det var muligt samtidig at være medlem af et andet parti. Det handlede ikke om at udelukke nogen, for selv om initiativtager Emmanuel Macron for længst havde erklæret, at han "hverken var fra højre eller fra venstre", kunne og skulle gode idéer ikke udelukkes. Det gjaldt om at tage udgangspunkt i *le réel*, virkeligheden, som filosoffen Ricoeur havde lært Macron. Det var, hvad de store gamle partier havde glemt med deres stivnede magtapparater og interne stridigheder om magt, lød dommen.

Første opgave for tilhængerne var at kortlægge Frankrig for at finde ud af, hvor problemerne lå, hvad der optog folk, og hvad de gerne ville. Det var En Marche – at gå fra dør til dør og tale med folk for så at vende tilbage og præsentere resultatet. Et frankrigskort blev skabt af "de marcherende" – diagnosen skulle komme nede fra, og alle kunne være med. Det handlede om den enkelte og dennes individualitet. Det samlede billede af franskmændenes land skulle være grundlaget for græsrodsbevægelsen.

Sommeren over sad Emmanuel Macron i et lånt sommerhus på L'ile de Ré og skrev bogen 'Révolution' – med undertitlen 'Réconcilier la France' – genforene Frankrig. Hans manifest for at give Frankrig og franskmændene selvtilliden tilbage og troen på egne valg og egen frihed. "Vore partier er døde af ikke at konfrontere virkeligheden, men blot at tænke på næste valg for at kunne fortsætte. Det er denne demokratiske træthed, skuffelserne, der er selve systemets svaghed – og som skaber ekstremernes ubønhørlige fremgang," skriver Macron i bogen. Han kommer med en reference til præsidentvalget i 2002, hvor Jean-Marie Le Pen fra den Nationale Front nåede frem til anden valgrunde over for Jacques Chirac. Det ekstreme højre ved magten var et skrækscenarie, der fik franskmændene til at samle sig. Chirac blev valgt.

"Intet er sket siden traumet d. 21. april 2002. Den politiske klasse og medierne går som søvngængere. De vil ikke se, hvad der er ved at ske. Indimellem bliver de forargede, men uden at det får nogen konsekvens. Vi ser de samme ansigter. Vi hører de samme taler. Man taler om de samme emner, kommer med de samme forslag, som man så ændrer, inden de er trådt i kraft (...) Ved siden af søvngængerne er der kynikerne. Dem er der en del af. De ved, at tingene bør ændres, men det gavner ikke deres egne interesser. De forestiller sig, at den Nationale Front lettere kan bringe dem til magten"

"Hvis vi ikke griber ind nu, så er den Nationale Front ved magten i maj 2017 eller om fem år eller om ti år. Det kan ingen længere tvivle på. Man kan ikke efter hvert attentat eller efter hvert tabt valg appellere til national forening og bede landet om nye afsavn og tro, at den politiske klasse kan fortsætte med sine små affærer, som den altid har gjort. Det ville være en historisk og moralsk fejl. Og det ved vore medborgere."

Macron forklarer, at det ikke handler om at angribe folk, der har stemt på den Nationale Front – ikke af overbevisning, men fordi de har villet protestere. Det handler om at få dem i tale og forklare en mening og et mål med tilværelsen. "Det er måden at bekæmpe partiet, der manipulerer deres vrede."

"Derfor har jeg villet starte en ny politisk bevægelse, som vi vil kalde En Marche! Den virkelige kløft i dag er mellem de tilbageskuende konservative, som foreslår franskmændene at vende tilbage til den gamle orden – og så de progressive reformister, som mener at den franske skæbne er at omfavne moderniteten. Ikke for at gøre rent bord eller for slavisk at tilpasse sig verden, men for at erobre verden og se den lige i øjnene."

Der var nok at få øje på. Globaliseringen, digitaliseringen, voksende ulighed, klimafarerne, de geopolitiske konflikter, terrorismen, et splittet Europa, den demokratiske krise i de vestlige samfund, tvivlen, der voksede. Verden var i forandring.

Og hvad med Frankrig? Jo, der skulle være innovation,

robotter og startups. Frankrig skulle være på førstepladsen, men der skulle også være gode arbejdsforhold, hvor det var lettere at iværksætte, investere og tilpasse sig markedets svingninger, når man var mellemstore og små firmaer. Derfor skulle arbejdslovene være mere fleksible. Det sociale system skulle være effektivt til at hjælpe en videre, hvis man mistede jobbet eller skulle omskoles til et nyt. Ungdommen skulle prioriteres, uddannelse var alfa omega. Skolerne skulle have små klasser, adgangskrav til universiteterne skulle ændres. Nu skulle kundskaberne testes. Man kunne ikke som før komme ind ved lodtrækning for så at droppe ud året efter, fordi man ikke kunne klare kravene. Pensionssystemet skulle blive mere effektivt og ensartet. Mange var fortabte i junglen af småforordninger med dertil hørende omfattende papirarbejde. Sundhedsvæsenet skulle så afgjort gås efter i sømmene. Det berømte velfungerende franske offentlige system, hvor alle blev behandlet uanset, hvor de kom fra, var begyndt at knirke. Ingen måtte falde ud af det sociale system. Frankrig skulle være landet, hvor solidariteten var i højsædet. Alle havde et ansvar over for sig selv og over for de andre. Stigmatisering af mindretal måtte ophøre. At gemme sig af frygt for terrorisme og globaliseringens virkninger førte ingen steder hen.

"Tvivle hver dag lidt mere på os selv, kun tale om at trække sig tilbage, det er ikke Frankrig. Det ved franskmændene, og de er parate til at genopfinde vores land."

Det skulle være slut med *la maladie française*, den franske syge, det franske sortsyn, der med sine gængse beklagelser kunne sætte alt i stå. Som Macron senere citerede John F. Kennedy: "Spørg ikke, hvad dit land kan gøre for dig, men hvad du kan gøre for dit land." Frankrig skulle reformere, turde gøre det, der var ingen vej uden om. Realiteterne stod for døren. "Genforene Frankrig er et svar på franskmændenes ønske om retfærdig velstand; frihed for enhver til at skabe, bevæge sig, igangsætte; lige chancer for alle til at lykkes; broderskab i samfundet, især for de svageste."

"Det, der forener Frankrig, er både at sige ja og sige nej: at sige ja til forskellighed i oprindelse og skæbne – og nej til fataliteten. Herfra kommer vores vilje til at give selvstyre til alle. Enhver af os skal have sin egen plads. Det er drømmen om en nation – ikke af folk, der er ens, men som har lige rettigheder."

"Det arbejde vil tage ti år. Det er nødvendigt at begynde NU."

Kritikken faldt prompte, og den var hård og omfattende. Varm luft! Han har ikke en chance alene uden et parti bag sig, uden et program, bare en masse frivillige, der leder efter sig selv. En internetbevægelse, der kun eksisterer virtuelt, lød dommen fra presse og de etablerede partier. Valgmøder blev omtalt i avisen Le Monde som "unge mennesker, der står op og fortæller om deres glæde ved at være medlem af En Marche, de siger alle sammen det samme, sådan lidt som i Anonyme Alkoholikere." Interessant nok blev En Marche også udsat for hacking på nettet.

Ved at forlade regeringen og opstille som præsidentkandidat havde Emmanuel Macron desuden ikke alene sat sig uden for socialistpartiet og det planlagte primærvalg, han havde også tvunget Hollande til at trække sig, lød bedømmelsen. Macron annoncerede sit kandidatur d. 16. november, Hollande trak sig 1. december. "*Et Tu Brute*". Sønnen, der dræber og forråder faderen. Den udvalgte, der går frontalt mod egen velgører. Sådan blev det udlagt mangen en gang, når talen faldt på Emmanuel Macron. Hvem ville han have været uden Hollande? Denne unge mand, der aldrig var blevet valgt eller havde vovet at stille op og tage ansvar.

Emmanuel Macron ved det og har også sagt det offentligt: Han har grund til at takke Hollande for den fire år lange erfaring, han fik i Elysée-palæet som personlig rådgiver og generalsekretær assistent og derefter som økonomiminister. Det var så også denne erfaring, der viste den unge og meget ambitiøse mand, at systemet havde sine begrænsninger, og at tiden var inde til at gå nye veje. Der skulle nye strukturer til. Men gøre det fra bar bund bare et år inden præsidentvalget forekom helt vildt. Macron tog udfordringen op.

"La Grande Marche" – kortlægningen af Frankrig og franskmændenes syn på sig selv og deres liv – foregik fra maj til juli. I november kom manifestet 'Révolution' fra Macrons hånd. Det var tid til de store møder – tid til for alvor at få præsenteret kandidaten, der havde sat sig for at gennemføre "den demokratiske revolution".

E.M., Emmanuel Macron, var idemanden bag E.M., En Marche, han lagde retningen, fandt strategien og udformede den og førte den i mål. Det var så helt afgjort hans baby. E.M. var med i alt, intet undslap ham – heller ikke som præsident. Det er en fejltagelse at tro, der var tale om improvisation.

Alt var nøje udtænkt. E.M., som han også underskriver sine takkekort – til stor moro for en modtager, der mente, at E.M. var lige selvbevidst nok – havde den enorme fordel, at han var langt forude for de fleste. Planen var lagt. Ikke at han var ude af stand til at kunne improvisere, han kunne også tage lynhurtige beslutninger, men langtidsstrategien var der, for der var et mål i horisonten. Som han mange gange havde sagt til En Marche-folkene og også til sine ministre: "Tænk langt, det handler ikke kun om i morgen."

Macron kom med en solid kulturel og litterær bagage hjemmefra. Han var trænet i filosofi, i analyse og statskundskab på eliteskolen ENA. Han havde oplevet politisk administration og ministerier indefra som finansinspektør. Han havde haft succes som bankmand i Rothschild-banken, og han var fortsat til den franske stats øverste instans Elysée-palæet som rådgiver for præsidenten og endelig taget imod en stilling som økonomiminister. Det borgede for indsigt og erfaring.

Hertil kom det udefinerbare, som alle taler om. Den karisma, det er få forundt at besidde. Præsident Clinton havde den, og præsident Obama havde den – en evne til at tiltrække folk uden egentlig at gøre andet end at være til stede og få personen over for til at føle sig involveret og værdsat.

Da Macron stillede op i november 2016, fik han især i Elysée-palæet tilnavnet *le coqueluche de Tout Paris*, toppen i Paris' kæledægge. Macron var vellidt og støttet. Netværket var meget omfattende, forbavsende stort og varieret. Brigitte og Emmanuel Macron gik meget ud og tog meget imod derhjemme – en måde at orientere sig på for at vide, hvad der foregik, og hvor mulighederne lå.

En stram kommunikationsstrategi blev lagt. Macron skulle være kendt, men for det rigtige, ikke for sladder og privat udfritning. Det var udmærket at komme i bladene, men på egne betingelser. Det var her, Dronningen af Paparazzi, Michèle Marchand kom belejligt ind. Hun satsede i kulissen velvilligt på Macron, blev sjældent modsagt og styrede med fast hånd. Det politiske klarede han selv.

Strategien lykkedes. Macron kom i medierne. For eksempel da han under valgkampen tog til Algeriet og udtalte, at Frankrigs kolonitid i Algeriet havde været "en forbrydelse mod menneskeheden". Frankrigs 130 år lange kolonisering blev afsluttet med en blodig krig fra 1956-62. Macron tilføjede, at Frankrig naturligvis samtidig, *en même temps*, også havde gjort gode ting. Det handlede ikke kun om undertrykkelse og tortur, men der havde været svære øjeblikke. "Frankrig indførte menneskerettighederne i Algeriet, men glemte at læse dem."

Var de begejstrede i Algeriet, rejste der sig i februar 2017 midt i valgkampen et ramaskrig i Frankrig. Frankrig har haft det svært med historien, det har taget meget lang tid at erkende samarbejdspolitikken under anden Verdenskrig med Hitlers Tyskland, deportering af jøderne – og så afgjort også tabet af Algeriet. Nu sad så unge Macron, der ikke engang var født dengang, og besudlede sit eget land. Den Nationale Front gik til angreb med det samme, og højrefløjen holdt sig heller ikke tilbage.

Macron mente, hvad han havde sagt. Han udtrykte det

meget direkte – for direkte efter manges smag. Den ældre generation kunne stadig huske, hvordan det var at være tvunget til at forlade det franske Algeriet. "Vive l'Algérie Française," havde general Charles de Gaulle råbt i 1958. De Gaulle var også manden, der indså, at kolonitiden var forbi for Frankrig i Algeriet – som den var forbi i Indokina. Det skabte bitterhed. Macrons besøg i 2017 og senere besøg i Algeriet skulle først og fremmest understrege, at Algeriet nu var en vigtig partner for Frankrig. Det var på tide at lægge fortiden bag sig og se fremad.

Ingen kunne dog være i tvivl om Macrons engagement i nationen, i Frankrigs navn, historie og ære. Alt andet ville heller ikke være gangbart – og slet ikke, når man havde placeret sig sådan, at der skulle hentes stemmer både fra venstre og fra højre. Frihed, Lighed og Broderskab var basis og kerne i drømmen om et bedre samfund. Macron fremlagde det i bogen 'Révolution':

"Alt det er drømme, kan I sige. Ja, franskmændene har før drømt på samme måde. De gennemførte revolutionen. Andre havde drømt tidligere. Så forrådte vi de drømme ved at lade stå til. Vi glemte dem. Ja, det er drømme. De forlanger storhed og mod. De kræver engagement, vores engagement. Det er den demokratiske revolution, som vi skal lykkes med for i Frankrig at forene frihed og fremskridt. Det er vores kald, og jeg kender ikke noget smukkere kald."

Små to uger efter besøget i Algeriet fik Macron politisk støtte fra centrum. Lederen af MoDem François Bayrou foreslog Macron en partialliance. Det gav lidt mere fast grund under fødderne til det noget frit svævende En Marche. Bayrou stillede dog betingelser, som Emmanuel Macron accepterede. Politisk praksis skulle for alvor ændres, en moraliseringslov skulle indføres, arbejde skulle betales bedre, og forholdstalsvalg skulle gradvist indføres for valg til Nationalforsamlingen.

François Bayrou havde oprindeligt op til højrefløjens primærvalg støttet Alain Juppé. Da han i september 2016 blev spurgt, hvad han mente om Emmanuel Macron, var Bayrou fast i mælet og erklærede, at Macron først og fremmest repræsenterede de store pengeinteresser og ikke så meget andet. Da François Fillon så løb af med valgsejren hos les Républicains, måtte Bayrou sadle om. Fem måneder senere i februar var hans analyse at for at undgå stemmespild og stemmespredning, måtte han ikke alene støtte Macron, da ingen af de andre kandidater fandt nåde for hans øjne, han ønskede også en direkte alliance med En Marche. Det kom han til at høre en del for både fra højre og venstre. Der var dog ingen tvivl om, at det fremmede Macrons interesser.

Bayrou fik nogle af sine betingelser opfyldt prompte, da Macron var blevet valgt. Som det allerførste kom en moraliseringslov. Fremover kunne medlemmer af parlamentet ikke ansætte deres egen familie til at arbejde for sig. Endnu en moralisering – en årlig sum på 140 millioner euro, som parlamentarikerne kunne fordele til kommuner og organisationer, en såkaldt "parlamentarisk reserve" – blev fjernet for at undgå interessekonflikter. Endelig ville parlamentarikerne fremover ikke længere blot få udbetalt en sum på omkring 5000 euro månedligt for at kunne dække udgifter i forbindelse med det parlamentariske arbejde. Nu skulle man aflægge bilag og regnskab. Der var en del rumlen, men loven blev vedtaget, argumenterne mod var vanskelige at finde, ikke mindst omkring nepotisme.

Et eksempel var helt friskt og meget omtalt. I januar 2017 afslørede det satiriske blad Le Canard enchaîné (Den lænkede and), at François Fillon, der i november var blevet valgt til præsidentkandidat som *Mr. Clean* for *les Républicains*, havde haft sin kone ansat – mod løn naturligvis, hvilket dengang var helt legitimt. Uheldigvis havde Penelope Fillon ikke udført noget arbejde, men staten havde udbetalt løn gennem adskillige år. Ifølge le Canard enchaîné 500.000 euro. Fillon fastholdt, Penelope havde arbejdet. Det var begyndelsen til Penelopegate, som stadig ikke er afsluttet. Penelope havde også svært ved at bevise sin indsats for litterært arbejde for et tidsskrift bortset fra et udbetalt månedligt beløb på 5.000 euro i 2012-2013. Fillon råbte om konspiration fra venstrefløjen for at ødelægge hans kandidatur. Et navn blev sågar nævnt, nemlig Gaspard Gantzer, Hollandes kommunikations- og pressechef. Han kan i bogen 'Politik er en kampsport' fortælle om de mange journalister, der ringede ham op for at spørge, om han var kilden til historien i Den lænkede And. *Fake News*, lød svaret. Det blev ikke sidste gang i den usædvanlige hårde valgkamp, at *Fake News* skulle cirkulere på nettet.

François Fillon havde i primærvalgkampen lanceret et slogan, der nu kom tilbage som en boomerang. *"Qui imagine un seul instant le Général de Gaulle mis en examen?"* – Hvem kan bare et sekund forestille sig general de Gaulle tiltalt?

Adressen for den bemærkning var svær at få øje på. Tidligere præsident Nicolas Sarkozy var midt i indtil flere større affærer, hvor han nu var tiltalt, men endnu ikke dømt. Fra fusk med regninger i forbindelse med valgkampen i 2012, til ulovlig telefonaflytning og bestikkelse af dommer. Så nu, da Sarkozy, trods tidligere udtalelser om at have trukket sig fra det politiske liv, stillede op som kandidat til primærvalget, så ville kandidat Fillon blot sikre sig, at vælgerne vidste, Sarkozy ikke var nogen legendarisk general De Gaulle.

Boomerangen ramte Fillon. Det forlød også, han havde haft sine børn ansat – på samme vilkår som konen. Pæn betaling fra statskassen for ingenting. Kunne HAN nu stille op? Stemmerne internt i partiet, der syntes, han skulle trække sig og lade en sikker mand som Alain Juppé blive præsidentkandidat, blev flere og flere. Hvis han blev tiltalt i Penelopegate – burde han så ikke trække sig? Det havde været et valgkampløfte fra Fillon selv.

Spændingen steg, da Fillon udeblev fra den årlige landbrugsmesse i Paris, *le Salon de l'Agriculture*, hvor enhver politiker med respekt for sig selv tilbringer adskillige timer eller det meste af en dag netop der for at vise interesse – ikke kun for dyrene, men også for vælgerne – landmændene, som de ellers ikke ser meget til, og som har stor indflydelse i Frankrig, selv om deres antal er for nedadgående. I 1988 talte man 1,1 million landbrug, i dag 451.600.Der er en aura omkring dem i retning af "vi kommer alle fra landet, vi har alle familie på landet", og derfor er landbrugsmessen et must. Emmanuel Macron var der naturligvis også. Han fik et æg i hovedet som debutpræmie – hos landmændene blev han set som kandidaten fra bankverdenen og Paris. Fillon derimod var herregårdsejer, underforstået landmand, og manges kandidat på messen. Nu meldte han afbud.

Politikerne kappes normalt om at være på messen længst. I præsidentkategorien er mesteren fortsat Jacques Chirac – en klar vinder med sin folkelighed, sin varme og sin glæde ved egnsretter og vederkvægelse af ganen. Hollande kommer ind på en andenplads. Macron har endnu ikke trådt sine folkelige træsko tilstrækkeligt til at have en chance på den front. Da Fillon endelig dukkede op, var det for at aflevere en kort meddelelse fra sit hovedkvarter. Han trak sig ikke – han fortsatte kampen og indkaldte kommende søndag til et kæmpe møde på Trocadéro-pladsen i Paris.

Hans kampagneleder Patrick Stefanini var ikke informeret. Få uger efter gik han sin vej og skrev bogen 'Déflagration' (Eksplosion) om Fillons hurtige optur og ditto nedtur. Stefanini er en erfaren herre, han var med til at bringe Jacques Chirac til magten i 1995, og han var tæt på Juppé. Nu så han klart, at Fillon ville tabe, og han så også, hvilken ødelæggende virkning det hele havde på partiet. Fillon havde ikke været ærlig over for ham og var ind imellem bare forsvundet. Nok måtte være nok. Alain Juppé havde det på samme måde. Han var blevet kontaktet for at overveje, om han ville træde til, hvis Fillon trak sig som kandidat. Han følte sig kort og godt totalt ydmyget. Højrefløjen havde været stensikker på at vinde præsidentvalget efter præsident Hollandes upopulære år ved magten, og nu var det hele noget rod. Alain Juppé meddelte ved en kort pressekonference mandag morgen efter søndagens Fillon møde på Trocadéro-pladsen, at han ikke stillede op til præsidentvalget – han var borgmester i Bordeaux og godt tilfreds med det.

Hermed var der lukket for yderligere ydmygelser af hans person, var det indirekte budskab. Han understregede, at François Fillon havde haft en "åben boulevard" foran sig for at vinde, men at Fillons taktik nu med at råbe på komplot og politisk mord førte ham direkte ind i en blindgyde. *"Quel gâchis"* – Hvilket rod, hvilket spild. Socialisterne havde ikke en chance, Macron var meget ung og i øvrigt også manden bag Hollandes økonomiske reformer, så her stod Frankrig tilbage med Marine Le Pen, der selv var tiltalt i retssager, men bare blev væk fra dommerindkaldelse og hendes angreb mod Europa og mod sund fornuft. "Frankrig vil altid rejse sig igen," fortsatte Juppé, "jeg har tillid til ungdommen, for mig er det for sent (…) *Vive La France, vive la République."*

Otte dage senere – d. 14. marts 2017 – blev François Fillon tiltalt. Han trak sig ikke. De Gaulle sagde af gode grunde ingenting, men havde han været i live, havde han nok tænkt sit.

Emmanuel Macron havde endnu engang heldet med sig. Svækkelsen af Fillon var helt klart med til at øge hans politiske chancer. Valgalliancen med centrumpartiet MoDem og dets leder François Bayrou styrkede ham yderligere. Udgangspunktet var langt bedre end for få måneder siden.

Bayrou blev da også Frankrigs ny justitsminister, da Macron var blevet valgt. Det kom dog kun til at vare 35 dage. Bayrou valgte at trække sig, da det kom frem, at hans parti

MoDem havde ladet medarbejdere betale af Europa-Parlamentet ved at foregive de arbejdede der og ikke, som sandheden var, i partiet. Bayrou var ikke personligt involveret, men en justitsminister kan ikke have den slags ting til foregå i sit bagland og slet ikke en mand, der havde taget initiativ til en moraliseringslov. Det bragte i frisk erindring præsident Hollandes oplevelser fra starten af hans præsidentperiode. Manden, der var ansat til at overvåge skattesvindel, budgetminister Jérome Cahuzac, havde selv hemmelige konti i Schweiz. Ikke nok med det: Han svor i Nationalforsamlingen, at han ingen konti havde. Cahuzac-affæren var ikke fremmende for anseelsen af Hollande og regeringen, den trak ud for længe. Cahuzac forlod regeringen, blev ekskluderet af socialistpartiet og idømt to års fængsel plus to års betinget fængsel. Herudover en periode på fem år, hvor han ikke var valgbar og endelig en bøde på 300.000 euro.

Bayrou indså, at han ikke kunne blive. Han fulgte dog med fra sidelinjen og tillod sig at kritisere, når han ikke var enig i den førte politik. Macron holdt sin aftale om gradvist at indføre forholdstalsvalg i Nationalforsamlingen, men den foreslåede procentdel på 15 % var for Bayrou ikke stor nok, han havde ønsket 25 %. Macrons socialpolitik fandt Bayrou al for stram – det samme gjaldt migrations- og asyllovene.

Præsident Hollande fulgte naturligvis også med i optakten til valget. Da Bayrou gik i valgalliance med Emmanuel Macron, var hans kommentar, ifølge Gantzer i bogen 'Politik er en kampsport': "Nu kan Emmanuel vinde."

Flere og flere af socialisternes helt store og tunge navne

meddelte, at de var med Emmanuel Macron. Gérard Collomb, mangeårig indflydelsesrig borgmester i Lyon, som senere skulle blive Macron-regeringens indenrigsminister. Bertrand Delanoë, tidligere overborgmester i Paris og François Patriat, indflydelsesrig senator. Andre havde ikke ventet så længe, de havde været med i hele optakten siden En Marche blev oprettet. Bariza Khiari næstformand i Senatet havde lagt mærke til Emmanuel Macron, når han som minister fremlagde sine argumenter, både i Nationalforsamlingen og når han optrådte i Senatet. "Han sagde tit, jeg forstår Deres argumenter og tager dem i betragtning, men… Det er sjældent i Frankrig, at nogen udtrykker sig sådan. Han undviger ingen spørgsmål. Jeg talte med mine kolleger i Senatet om ham, både på højre og på venstre fløj. De havde også bemærket ham, så vi blev enige om at invitere ham og diskutere med ham."

Bariza Khiari tager imod hjemme hos sig selv med myntete og orientalske småkager. Hun er født i Algeriet som fransk statsborger, dengang Algeriet var fransk. Hun har haft indflydelsesrige poster internt i socialistpartiet og senatorposten for socialistpartiet.

"Det var ikke svært for mig at gå til En Marche fra socialistpartiet. Jeg følte mig ikke længere hjemme. Ministerpræsident Manuel Valls tordnede mod Angela Merkel og hendes immigrationspolitik – hun der reddede Europas samvittighed! Og da det så kom til at fratage folk deres statsborgerskab, selv om de var født i Frankrig, da kuldsejlede venstrefløjen. Havde det været højrefløjen, der havde foreslået det, ville vi alle sammen have demonstreret i gaderne. Hertil så en hysterisk debat om verdslighed. Tørklæder mig her og der og den latterlige burkini-diskussion."

Bariza trækker på skuldrene og opfordrer til at smage orientens berømte kager.

"Det var tid til *Mea culpa* – jeg var stivnet i mine dogmer. Med Macron fornemmede jeg frihed og lighed. Folk fra højre og folk fra venstre fandt sammen – det var godt for landet, der skulle ikke længere tænkes på partiet. Når socialistpartiet med ændring efter ændring ender med at ville fratage folk deres statsborgerskab, er der ikke mere at hente. Man skal gå ind i et parti for dets værdier – og ud igen, når det er nødvendigt for at bevare – netop værdierne. Her var partiet endt uden nyt blod, i gang med bare at fordele til vennerne. Det var som et dødt træ – et tørt træ."

"Her stod så en karismatisk mand med et kald. En mand med kultur, der har arbejdet, er gået i dybden, også har en politisk kultur, og som har oplevet småligheden. Han gør noget, han bevæger sig. Han udtrykker sig helt enkelt og samtidig, *en même temps*, lytter han intenst – han kan bruge alt. Han vil samle for at trække folk op ad, ikke for at stigmatisere og trække folk nedad. Min søn, der bor i USA, siger: "Frankrig har fået en *lifting*!" – en ansigtsløftning. Nyt er på vej. Frankrig er ikke noget optimistisk land, Macron er optimist, det skaber tillid og håb."

Bariza rækker igen de orientalske småkager frem. Hun fornemmer, at der skal lidt mere til og fremlægger programmet.

"Vi skal modernisere teknologisk, vi skal give startups og små firmaer muligheder for at kunne arbejde og skabe arbejdspladser ved at følge efterspørgsel og kontrakter og ikke kun fastlagte arbejdstider, det er nødvendigt at være fleksibel. Vi skal uddanne. Der skal være skoleklasser med kun 12 elever for at give den bedste start. Man skal kunne få understøttelse, hvis man forlader sin arbejdsplads for at sætte i gang i noget nyt. Man skal have lov til – og hjælp til – at forny sig. Det handler om individet – og frihed og lighed. Vi skal af med boligskatten, den er uretfærdig. Kort sagt, Emmanuel Macron vil frigøre og beskytte, uddanne og forme."

Bariza Khiari sender et fast og direkte blik for at være sikker på at blive forstået.

"Vi er dømt til at lykkes, *condamnés à réussir,* for hvis ikke, hvad så? Den farlige tid, *le temps de tous les dangers,* er fra løfter til resultater. Det kommer – alting tager tid. Hele projektet vil tage ti år – så har vi et nyt Frankrig."

Bariza skulle blive den ene af tre personer, der skulle forme og forberede En Marche til at gå fra at være en bevægelse til at være et parti og til at stille op til valget til Nationalforsamlingen, der fulgte kort tid efter præsidentvalget. Noget af et job! Folk kom fra hele landet med vidt forskellig baggrund.

"Jeg har tiltro til de unge, de arbejder fra morgen til aften, og de er kompetente og dynamiske. Vi er på rette vej."

I marts 2017 kom så navnene på kandidaterne til præsidentvalget. De var 11 i alt, heraf kun to kvinder, der kom igennem nåleøjet. Én bestemt mand havde Alain Juppé glemt at nævne i sin liste over et muligt udfald af valget, da han sagde farvel til at stille op for les Républicains – nemlig lederen af partiet La France Insoumise – det ukuelige Frankrig – Jean-Luc Mélenchon.

Mélenchon var udbryder fra socialistpartiet, en meget begavet taler, en tribun med folkelig appeal og et godt øje for *oneliners*, der ville blive husket. En morsom mand, en hurtig mand. I den politiske kontekst mellem Marine Le Pen, der excellerede i angreb, mindre i løsninger, en François Fillon, der var belastet af Penelopegate-affæren, var langt fra at hive stemmer hjem og havde et stramt program med meget liberale synspunkter, der ikke inspirerede mange til venstre, i centrum og heller ikke overvældende mange i selve partiet – selv Alain Juppé skulle direkte sige, at Fillons store møde på Trocadéro-pladsen havde radikale tendenser, han som Gaullist ikke kunne gå ind for – og en Benoît Hamon, kandidat fra socialistpartiet, der havde forladt regeringen i protest og nu uventet var blevet præsidentkandidat. Og så altså en Macron, der var forholdsvis ung og ukendt. I den kontekst var den så afgjort velbekendte og velbegavede Mélenchon en mand med muligheder. Dem havde han tænkt sig at udnytte.

Han havde forladt socialistpartiet i 2008, hvor han befandt sig på venstrefløjen for at danne Front de Gauche (Venstrefronten) i samarbejde med kommunistpartiet og stillede op til præsidentvalget i 2012, hvor Hollande kom til. I 2017 satte han alle sejl til med La France Insoumise (Det Ukuelige Frankrig). For Mélenchon var det ved at være sidste udkald – han var 65 år – men uden hans lederskab strittede Det Ukuelige Frankrig en hel del. Mélenchon holdt ikke meget af NATO, heller ikke af tysk EU-dominans, som han så det. Han var i det hele taget Europa-kritisk.

Hans valgkampagne i 2017 var yderst effektiv med egen tv-kanal på nettet, interaktivt med vægt på sociale forhold og ikke mindst på miljøet, der skulle skaffe ham en del grønne vælgere. Hele tiden med egne budskaber, ikke en dag uden Mélenchon. Han var og er en meget engageret mand. Hvad der især skilte ham fra Macron, var helt tydeligt forholdet og betydningen af Europa. Macron så Europa som muligheden for at modernisere, beskytte og promovere Frankrig. Det var han ret ene om. Mélenchon så Europa som det stik modsatte – en organisation, der gav franske arbejdere og lønninger utidig konkurrence og som ikke opfyldte sin rolle i forhold til at hjælpe folk i nød som migranter, der blev jagtet rundt med al anden end humanitær behandling. Mélenchon var kandidat for det sociale og ligeværdige Frankrig.

Internetaktiviteten bragte Mélenchon nye muligheder og gav nærvær og synlighed. Mélenchon var over alt, han legede med de nye elektroniske muligheder – sågar at stå i Lyon og, *abracadabra*, samtidig være i Paris – takket været et hologram. Hans popularitet voksede uventet, selv i Elysée-palæet begyndte Gantzer at spørge sig omkring, om Mélenchon skulle kunne nå til anden valgrunde? Hollande svarede, at det uden tvivl ville blive en meget tæt løb mellem Fillon, Mélenchon, Macron og Le Pen – "Man kan forestille sig det værste. Der skal tales mod populismen både på højre og venstrefløj – faren kommer derfra."

Skal man som politiker vise sig på Salon de l'Agriculture, er det så afgjort også en god idé at tage på Salon du Livre i Paris i marts måned. Er man præsidentkandidat, er det endnu et must. Præsidenten – landets repræsentant ud af til – skal have ballast, helst være skrivende selv, vise et intellektuelt niveau ud over viljen til at handle og tage beslutninger. Frankrig vil gerne være stolt af sin præsident, som man er stolt af *les lumières*, oplysningstiden, Cannes-festivalen og uddeling af bogpriser som Prix Goncourt og Prix Renaudot. Tv-nyhederne starter ofte med en kulturbegivenhed – og ikke kun i kortform. Da forfatteren Jean d'Ormesson døde 5. december 2017 som 92-årig, sørgede hele landet, og Jean d'Ormesson fik en national begravelse. Han var en populær mand trods sin elitisme. Med sine små, plirrende øjne og det skæve smil, fik han på sin ironiske facon sagt mangen en sandhed, der var alt andet end høflig, men på grund af hans gammeldags formfuldendte sprog heller ikke kunne angribes. Han fortalte Emmanuel Macron, at han mindede ham om en flagermus. Som i La Fontaines fabel, hvor flagermusen siger: "Se jeg er en fugl, jeg har vinger". De har både vinger og fødder – kan det forenes? Er det ikke vanskeligt i længden at indtage Deres position?" Hertil et kæmpesmil. I fablen skifter flagermusen flere gange identitet fra fugl til mus for at tilpasse sig omstændighederne. Med andre ord: Hvem var Macron egentlig?

Jean d'Ormessons mange bogtitler minder om hans humor. Senest udkom 'Jeg vil trods alt sige, livet var smukt' og posthumt 'Et moi, je vis toujours' (Og mig, jeg lever stadig). Macron sagde i sin tale til den nationale begravelse: "Jean d'Ormesson lærte os, at lethed ikke er det modsatte af dybde, men af tunghed."

Den 5. december 2017, samme dag som Jean d'Ormesson, døde også sent om aftenen rockhelten Johnny Hallyday. Han blev 74 år. Johnny er folkeeje. Han havde været med, så længe nogen kunne huske, sommetider ikke så populær, somme tider med til at sætte politikeres valgkampagne i rampelyset ved selv at optræde både for Chirac og Sarkozy, men så afgjort manden med den helt karakteristiske dybe, mørke, melodiøse stemme, der har fået folk i alle aldre til at drømme og leve lidt mere intenst. Når Johnny gjaldede *"Oui, je t'aime,"* vuggede alle med. Alle kneb en tåre, da Johnny – da allerede kræftsyg – en kold januar-dag i 2016 på Place de la République var med til at mindes de dræbte i januar og i november 2015 under terroraktionerne med sangen 'Un dimanche de janvier' (En søndag i januar). Da der den 9. december 2017 i Madeleine-kirken blev holdt en mindehøjtidelighed for Johnny, var en million mennesker på gaden i Paris. En smuk, spontan begivenhed – først i kirken og derefter foran kirken med et kor af fremmødte menneskestemmer: "Johnny, Johnny," lød det. Emmanuel Macron var der også. I en kort, ligefrem tale i december-kulden foran kirken henvendte han sig til folk med ordene: "Johnny var uovervindelig, fordi han var en del af vores land, en del, vi elsker at holde af. For at sige ham tak, foreslår jeg, hvor end I er, hvem I end er at klappe for Johnny, så han aldrig dør." Det var en national begravelse. Folk søgte helte, samlingspunkter, og med Johnny kunne alle være med. Fra elegantieren Jean d'Ormesson, medlem af det Franske

Akademi, de såkaldte *Immortels*, de udødelige, til rockbøllen og levemanden Johnny med de mange koner. Der er plads til kulturen i Frankrig – og det på første række.

Intet under, at politikerne søgte mod Salon du Livre – det gjaldt om at blive set. Det var den dag i marts 2017, hvor skoleeleverne også var på bogmessen. Det smuttede rundt med ivrige unger, der skulle se det hele. Pludselig så man fotografer, journalister, og hvad der oplevedes som samtlige skolebørn stimle mod det samme hjørne bag standen for bogmessens hædersgæst Marokko. Rygtet begyndte at løbe: "Det er Mélenchon, der kommer!" Han lod vente på sig. Mohammed på 11 fra det 10. arrondissement gav sig til at fortælle, at Mélenchon ville vinde. Hans far mente, at ham der bankmanden – hvad var det nu, han hed – ikke kunne bruges. Og Marine Le Pen, det var totalt udelukket, hun var racist! Mohammed skød brystet frem og så meget klog ud.

Så blev der helt stille. Nede i hjørnet var en mand dukket op, der kunne få både børn, journalister og fotografer til at tie. Det skal siges, han var ret imponerende. Meget høj, meget stor, adræt – og så venlig, smilende, han havde en total beroligende virkning på omgivelserne. Makao, 26 år gammel, 2,13 høj og på 140 kg, tidligere rugbystjerne fra Congos landshold, den dag i marts 2017 bodyguard for præsidentkandidat Emmanuel Macron. "Hold da op," lød det fra Mohammed på 11. Noget tydede på, han ikke længere var på fars Mélenchon-hold. "Hvor er han, hvor er han?" Strategisk anbragt på en stol, kunne jeg meddele: "Han er her nu!"

Det var anskuelsesundervisning i, hvorfor enhver politiker

in spe bør overveje, om han/hun kan holde til det, inden man vælger den livsbane. Der var kamp om pladserne, der var bare fotografer og knips, og en mand i midten, der klistrede smilet på og bevægede sig fremad i sneglefart. Jeg overlod stolen til andre kæmpende og fandt en sideallé, hvor den ombejlede kandidat kunne tænkes at måtte komme forbi.

Det gjorde han. Macron snublede og måtte holde sig til den udstrakte danske arm. "Det kan man da kalde En Marche – Fremad!" Nu er dansk humor og ironi jo forholdsvis for de i forvejen indviede og ikke særligt anvendeligt uden for de danske grænser. *"Bonjour Madame, vous allez bien?"* – Goddag Frue, Har De det godt? – var da også alt det blev til, inden der var fyldt med kæmpende individer og individualister, og hovedpersonen igen var forsvundet i mængden.

Min første reaktion var: Hvor er han lille, hvor er han spinkel, hvor er han ung – det vil aldrig gå i det konservative Frankrig. Vi var bare en måned før første valgrunde. Mohammed på 11 vinkede lidt betuttet farvel, han skulle hjem og belære sin far. Nok mere om Makao end om Macron. Makao skulle senere blive Reality tv-stjerne og have planer om at skrive sine erindringer med titlen: 'De Zéro à Héros', Fra nul til helt. Om han tænkte på sig selv eller på Macron, meldte historien ikke noget om. Brigitte og Emmanuel Macron havde svært ved at lade ham gå, da Elysée-sikkerhedsapparatet tog over, og Makao måtte vige pladsen.

Beskyttelse under selve valgkampen var der absolut behov for, dog mere et intellektuelt forsvar end en rent fysisk tilstedeværelse. De sociale medier spillede en kæmpe rolle, tonen var hård, usædvanlig hård og uklædelig. Hertil kom så anvendelsen af rygter og falske nyheder. Emmanuel Macron havde på valgmøderne tillagt sig en vane og fremgangsform, der gik ud på at instruere tilhængerne om ikke at skælde ud og hysse og fløjte ad modstanderne. Blev Marine Le Pen omtalt, begyndte forsamlingen at buhe og hyle. *"Ne la sifflez pas!"*, lad være med at fløjte ad hende. Det mindede ret meget om *"Don't Boo! Vote!"*, som præsident Barack Obama havde brugt i sin valgkamp, når modstanderne blev nævnt. Emmanuel Macron havde ikke for ingenting været på studietur i USA. Macron havde dog sin egen udlægning i lidt længere form – man er vel fransk! "Lad være med at buhe! Man kommer langt længere ved at tale med folk, prøve at forstå, hvorfra de kommer, ikke fordi vi er enige med dem, men det er vigtigt at sætte sig ind i modpartens argumenter – for bedre at kunne fremføre sine egne."

Samme princip skulle Emmanuel Macron anvende i sin udenrigspolitik – både over for præsident Donald Trump og over for Vladimir Putin. Og det selv om mangen en rygtebørs via de sociale medier omhandlende Emmanuel Macron så ud til at have russisk udgangspunkt. Macrons valgkampagne var ikke den eneste, der blev ramt på nettet. Efter primær-valget hos les Républicains, hvor sejren overraskende gik til François Fillon og ikke som forventet til Alain Juppé, kunne Juppé fortælle, at en række historier – for eksempel hans navneskifte fra Alain Juppé til Ali Juppé, stormoskeen han ville bygge, som han aldrig havde hørt om, at han skulle være salafist og antisemit – efter hans mening, havde skadet hans kampagne og havde medført Fillons sejr. Det sagde selvfølgelig en del om emnerne i valgkampen, at man troede, man kunne ramme Juppé med netop den slags udsagn. Juppé talte først om smædekampagnen efter nederlaget, Emmanuel Macron tog rygtebørsen i opløbet.

Når man nu havde en hustru, som var 24 år ældre end én selv, så måtte der være noget galt. Rygterne, som blev videre-kolporteret af den russiske statsunderstøttede avis Sputnik, placerede da også Emmanuel Macron i et direkte forhold til en smuk direktør i Radio France endda med navns nævnelse. Emmanuel Macron valgte at tage det fra den humoristiske side. Under et internt En Marche-valgmøde i Bobino-teatret i Paris gik han uventet på scenen og tog fat om emnet: "I hører rygter om, at jeg står for dobbelthed og har et hemmeligt liv. Det er ubehageligt for Brigitte, der spørger sig selv, hvordan jeg gør det rent fysisk. Hun deler mit liv fra morgen til aften. Og det har jeg endda aldrig betalt hende for! Jeg kan ikke dele mig op i to. Hvis man ved middagsbordene rundt omkring i byen fortæller, at jeg har et dobbeltliv med Matthieu Gallet, så må det være mit hologram, der er smuttet væk fra mig, det kan ikke være mig!"

Salen brød ud i latter. Fillon, der hev løn i land takket været kone og børn, betalt af staten. Og Mélenchon der til en melodi af 800.000 euro pr. gang optrådte med hologram. Politisk drilleri – men hvad lå der bag? Var det starten på en omfattende kampagne, der skulle få indflydelse på selve præsidentvalget?

Her i februar 2017 kunne man på nettet læse, at Julian

Assange, grundlæggeren af Wikileaks havde forsikret den russiske avis Izvestia om, at han var i besiddelse af mails fra Hillary Clinton, der indeholdt kompromitterende oplysninger om Emmanuel Macrons professionelle karriere og om hans privatliv. Lederen af avisen Sputniks kontor i Paris, Nataliya Novikova blev interviewet af New York Times. Hun nægtede naturligvis at kende noget til sagen, men anførte, at Sputniks arbejde var vigtigt, da der var "variable sandheder". Det klingede meget af "alternative facts", som præsident Trumps stjerne fra the White House Staff, Kellyanne Conway, opfandt, da hun blev klemt i sit forsvar for præsident Trump.

Donald Trump havde interesseret sig for Marine Le Pen, men ikke nok til i januar 2017 at modtage hende i Trump Tower. Hun sad ellers i flere timer i Trump Tower Café og ventede, men forgæves. Aftenen forinden havde hun dog været til cocktailparty i Trump Tower hos George G. Lombardi, kendt for sine forbindelser til det ekstreme højre i Europa og med gode forbindelser til Donald Trump. Præsident Putin, derimod, havde åbent og direkte støttet Marine Le Pen. Hun mødtes med ham d. 24. marts 2017 i Moskva. Russiske banker havde også været de eneste, der ville give banklån til Front National fra 2014 og frem og senest til selve præsidentvalg-kampagnen.

Næste forsøg på at miskreditere præsidentkandidat Macron handlede naturligvis om det, man i Frankrig ikke taler om – men meget let mand og mand imellem forarges over – nemlig penge. Hvad var der blevet af bankmand Emmanuel Macrons mange penge? Var de i skattely? Havde han arvet millioner fra sin støtte Henry Hermand, da denne døde i november 2016? Vi var nu få dage før første valgrunde. Var det samme kilde som sidst? Marine Le Pen og François Fillon havde til fælles, de ikke var Europa-begejstrede og havde god kontakt til Rusland. Sputnik havde endda været ude med en nyhed om, at François Fillon førte i meningsmålingerne, det var de meget alene om.

Emmanuel Macron besluttede at gå lige på og til direkte angreb. Tiden var knap, men lang nok til at blive miskrediteret. Næste morgen på BFMTV var han væbnet til tænderne med facts og papirer, da han mødte op til interview på den franske tv-station hos den kendte stjerne interviewer Jean-Jacques Bourdin. Bourdin er mest kendt for sætningen *"Les Français veulent savoir!"* – Franskmændene VIL vide det, som han gentager på ægte populistisk vis igen og igen på sin jagt efter *breaking news.* Alt blev fremlagt. Indkomst, udgifter og bevis på, at Macron altid havde betalt sin skat i Frankrig for de omtalte beløb. Tørre kedsommelige tal. Det blev en lidt tam dag for Bourdin.

Pressen kom i det hele taget i miskredit. François Fillon ville ikke optræde hos Bourdin. Mélenchon afskar journalister og kørte sin helt egen tv-station på nettet, hvad skulle man med de etablerede medier. Dertil også sit eget videospil Kombat, som bestemt ikke var uden politiske referencer. Marine Le Pen havde også sine installationer. Internt kredsløb med intern forståelse. Ingen forstyrrende elementer så som en kritisk presse.

Da resultatet af første valgrunde forelå – førte Emmanuel

Macron over for Marine Le Pen – de to gik videre til anden og sidste valgrunde. Socialisten Benoît Hamon meldte straks ud, at han ville stemme på Emmanuel Macron i anden valgrunde – det var vigtigt at stemme mod det ekstreme højre, mod Marine Le Pen. François Fillon fra les Républicains havde samme budskab, godt nok havde han under hele valgkampen kaldt Emmanuel Macron for Emmanuel Hollande for at understrege, hvor Macron kom fra, og hvad man kunne forvente af ham, med andre ord ikke ret meget, men nu var der meget mere på spil. Præsident François Hollande gik på tv for at understrege sin støtte til Emmanuel Macron. Det var umuligt at tillade det ekstreme højre at komme til magten – Frankrigs fremtid og renommé var på spil.

Jean-Luc Mélenchon var mere forbeholden. Han ønskede ikke at anbefale noget til nogen og ej heller fortælle, hvad han selv ville gøre. Det stod enhver frit. Macron havde under valgkampen godt nok beskrevet Mélenchons politik som "Cuba uden sol og Venezuela uden olie", og han var blevet sekunderet af sin støtte, reklamemanden Jacques Séguela, der kaldte Mélenchon "en mellemting af Fidel Castro og Eva Perón, der hører hjemme i forrige århundrede" og "en blanding af ideologi og populisme". Men i 2002, da det handlede om, at Jean-Marie Le Pen kunne vinde over Jacques Chirac, var Mélenchon en af de første til at meddele, han naturligvis ville stemme på Chirac, som var hans politiske modpol.

Marine Le Pen var lynhurtig. Hun udsendte en video, hvor hun forklarede, hvor meget La France Insoumise og Le Front National havde tilfælles fra ud af EU til kampen mod

Macron, denne bankmand, oligark og kapitalens forlængede arm. Da blev det for meget for Mélenchon. Han meddelte, han naturligvis aldrig ville kunne stemme på Marine Le Pen og hendes lige. Det bærende for Mélenchon var formentlig først og fremmest skuffelsen over at være kommet så langt som at have opnået 19,5 % af stemmerne – i princippet ikke langt fra Fillons 20 %, Marine Le Pens 21,7 % og så Macrons 23,7 % – og så stå uden noget.

Mélenchons enegang skulle vise sig at være en forkert beregning. Det faldt mange for brystet, at venstrefløjens kandidat – og det var han så afgjort - ikke ville stå total front mod det ekstreme højre. I forvejen var der røget mangen et venskab blandt gamle venner, der altid havde været på venstrefløjen, og som nu valgte at tage chancen og en ny begyndelse med Emmanuel Macron, inspireret af, at der var konkrete tal, planer og ikke mindst håb og tillid til en bedre fremtid.

”Vi taler ikke politik mere, vi bliver bare uvenner, men jeg har fået nok af det indeklemte klima og alle bebrejdelserne. Mélenchon skælder og smælder, men hvad kan han ud over det? Vi har hørt på ham i så mange år, jeg kan godt sige dig, at jeg advarer børnene mod at gå den vej. Der skal nyt og målrettet til,” sagde forfatterveninden i Paris og så vred ud. ”De kalder mig reaktionær, fordi jeg har valgt at stemme på Macron. Hvad bilder de sig ind!”

Så kom sidste skud i bøssen: Hacking af En Marche. Og meddelelsen om, at fortrolige oplysninger ville blive offentliggjort inden valgdagen for anden valgrunde mellem Marine Le Pen og Emmanuel Macron. Det kom omkring klokken

22 fredag – to timer før enhver valgkampagne ved midnat udløb, derefter var det forbudt, ingen kunne længere udtale sig. Valget var søndag. Et tidspunkt, der også udelukkede undersøgelse af oplysninger – tiden var for kort. De såkaldte Macron Leaks skulle vise sig at være hackede mails, falske mails, hertil, og det var ikke første gang, falske hjemmesider, der til forveksling lignede de ægte hjemmesider – men med falske budskaber.

Hvem stod bag? Algoritmer, bots, gjorde deres for at det skulle gå verden rundt – *last chance, last dance* – med et udgangspunkt, der mindede om, hvad man tidligere havde set … "Fancy Bear" – den russiske hacking gruppe APT 28 fra præsidentvalget i USA syntes genkendelig. Front National var hurtigt ude: "Vil Macron Leaks fortælle os mere end den såkaldte kritiske undersøgende journalistik har været i stand til at lægge under låg?"

I den sidste store debat mellem Marine Le Pen og Emmanuel Macron få dage før det endelige valg søndag den 7. maj 2017 gik Marine Le Pen lige på og hårdt. Strategien, hun var blevet anbefalet, var at hyle Macron ud af koncepterne og gøre ham så vred, at han mistede ligevægten. Et af de første emner var da også hans skjulte konti. Det er dog ikke tal og økonomisk udvikling, man skal diskutere med en Macron – især ikke hvis man ikke selv er helt up to date og har styr på egne tal og papirer og kender forskel på firma A og B.

"*Elle a explosé en vol*", hun eksploderede, sagde forfatteren Jean Contrucci nede i Marseille – "det var en total katastrofe.

Hun var ikke ordentligt forberedt, kendte ikke emnerne til bunds og opførte sig i det hele taget meget mærkeligt."

Søndag aften klokken 20 lå resultatet klart: Emmanuel Macron var Frankrigs præsident for de næste fem år. Frankrig var lettet, Europa var lettet, verdens ledere lykønskede, Barack Obama var en af de allerførste. Et par dage før, den 7. maj, havde Obama offentliggjort en video med støtte til Emmanuel Macron. Ingen skulle være i tvivl. Præsident Vladimir Putin ønskede ligeledes tillykke som sig hør og bør. Allerede d. 29. maj 2017 modtog Emmanuel Macon den russiske præsident på royal vis på selveste Versaillesslottet. Anledningen var 300-året for Peter den Stores første besøg i Frankrig og oprettelsen af diplomatiske forbindelser mellem Rusland og Frankrig. *"L'histoire est plus grande que nous; il est impossible de peser sur les déstins du monde sans dialoguer avec la Russie"* – "Historien er større end os, det er ikke muligt at påvirke verdens skæbne uden en dialog med Rusland," sagde den nybagte præsident Emmanuel Macron. Ruslands position – ikke mindst i Syrien – gjorde det nødvendigt at forhandle med Putin.

Det var tydeligt, at Putin nød sin modtagelse på Versailles i Macrons selskab. Han havde i frisk erindring, at det allerede i 2016 havde været planlagt, at han skulle komme til Paris for at indvie, hvad man godt kan kalde "Moskva ved Seinen" – en kæmpebygning med russisk kulturcenter og den ortodokse Hellige Treenighed-katedral, der takket været kæmpe guldløgkupler kan ses langt væk. En 8.400 kvadratmeter stor grund for fødderne af Eiffeltårnet. Et initiativ præsident Nicolas

Sarkozy havde været inde over. Projektet var så vigtigt for Vladimir Putin, at han blev kendt som "Hellige Vladimir". Præsident François Hollande krævede imidlertid i forbindelse med Putins besøg forhandlinger om krigsforbrydelser i Syrien efter hårde bombardementer i byen Aleppo. Da aflyste Putin at deltage i indvielsen. De diplomatiske forbindelser var meget kølige. Da kæmpecentret endelig – uden Putin – blev indviet i oktober 2016, var fra fransk side kun overborgmester i Paris Anne Hidalgo, en statssekretær og et par medlemmer af Nationalforsamlingen fra højrefløjen, heriblandt Gilbert Collard fra den Nationale Front til stede.

Macrons stil, *franc et direct*, ærlig og direkte, som han selv siger, førte den dag i Versailles-slottet til samtale om stort set alle emner fra Ukraine, til Syrien, til de vanskelige forhold for homoseksuelle i Tjetjenien – og endelig russisk indblanding i hackersagen af En Marche. Det sidste kendte Putin ikke noget til. Han ville hellere tale om sanktioner mod Rusland, som han mente burde ophøre.

Ruslands store digter Alexander Pushkin har skrevet om Peter den Store med ordene: "Manden, der åbnede vinduet mod omverdenen – mod vest." Peter den Store moderniserede Rusland for 300 år siden. Nu var det Macrons tur til at åbne vinduet for en ny stil i diplomatiets navn. Til stede på den efterfølgende pressekonference var journalister fra Russia Today, det russiske Putin-finansierede tv, der gerne ville vide, hvilket forhold præsident Macron havde til den udenlandske presse, siden både avisen Sputnik og Russia Today ikke var blevet akkrediteret, men var blevet afvist til pressemøderne under valget?

"Jeg har et udmærket forhold til den udenlandske presse, men det er korrekt, at Russia Today og Sputnik er blevet afvist. De er nemlig ikke journalister. De har vedvarende bragt vanærende løgnehistorier om min valgkampagne og min person. Det er ikke journalistik, det er propaganda. Derfor havde de intet at gøre ved pressekonferencerne. De professionelle russiske journalister var der naturligvis, men propagandamagere og deres løgne – for hvem de så end arbejder – bliver naturligvis afvist. Sådan er det." Præsident Putin sagde intet, han så fjern ud. Det vindue forblev lukket – også mod vest.

Frankrig skulle igen til valg – et ret afgørende valg til Nationalforsamlingen – udgangspunktet for den kommende politik. Frankrig var efterhånden ved at være valgtræt – og det var politikerne også. Marine Le Pen forsvandt fra radaren og blev væk i flere uger.

Macrons valgsejr var på 66 %, men hele 25 % valgte ikke at stemme. Det var så afgjort ikke et samlet land, der tog imod den ny præsident, hans regering og hans politik. Han havde lederne, de uddannede, de studerende og de ældre med sig – og så opmærksomheden fra udlandet.

Overnight var Macron blevet kendt verden over.

France is back!

Emmanuel Macron var på forsiden af Time Magazine allerede den 12. maj 2017 – og det var langt fra den eneste forside verden over, der havde hans kontrafej. Mirakelmageren fra Frankrig. *"The Disrupter"*, der skød højt, uden om gamle partier og gængs praksis og kom i mål ved første forsøg. En mand, der turde gå mod den udbredte skepsis og være positiv. *"Le Kid"*, som magasinet kaldte ham – på bare 39 år. Forsideteksten på Time Magazine lød: "Kampen er ovre i Frankrig. Krigen mellem globalisering og nationalisme er først lige begyndt". En ung medarbejder hos En Marche – nu République en Marche – som magasinet kontaktede, udbrød: Bare skriv *"France is Back!"* – et udtryk, Emmanuel Macron selv skulle bruge, når han ville have folk til at komme til Frankrig for at investere.

Der var faktisk ikke så få, der tog chancen. I 2017 steg investeringerne med 16 %, det højeste spring i ti år, og det placerede Frankrig på andenpladsen lige efter Tyskland på listen over attraktive lande i Europa. 1.298 projekter fra udlandet gav 33.489 arbejdspladser i Frankrig. Efter Brexit valgte adskillige banker også at sige farvel til London og goddag til Paris. EBA – den europæiske banktilsynsmyndighed valgte også at flytte fra London til Paris.

Innovation var en stor attraktion. Station F – et kæmpe startup-center i en gammel banegård i Paris – havde kæmpe-succes også blandt anerkendte, store udenlandske firmaer. De involverede fortæller gerne, at snart er Station F lige så stor en turistattraktion som Eiffeltårnet – et direkte must, når man er i Paris. De fleste prominente udenlandske gæster kan være sikre på, at denne kuvøse for Tech – French Tech – er indbygget i deres program.

Emmanuel Macron selv samlede 140 multinationale top-ledere på Versailles-slottet. Emnet var ”Det attraktive Frank-rig” – ”*Choose France*”. Det var i januar 2018 lige inden det årlige World Economic Forum i Davos for verdens indflydel-sesrige, hvor Macron selv var med.

I Davos brugte Macron netop ordene ”*France is back*” – og tilføjede ”*Europe is Back*”. For Frankrigs ”demokratiske revo-lution” og modernisering hørte i alle henseender fra miljø til sikkerhed, forsvar og multilateralisme sammen med Europa. Sammen stod man anderledes styrket end hver for sig. Brexit og valget af præsident Donald Trump i USA havde sendt spændinger og en vis ængstelse gennem det gamle kontinent – og såmænd også verden over.

Der blev klappet i Davos, som det havde været tilfældet i Bruxelles, da den nybagte præsident tog håndgreb med præsident Donald Trump i maj 2017. Trump overraskede altid med sine faste håndtryk, der skulle lære modparten, hvem der bestemte. Hanekamp for åbent tæppe. Macron havde observeret det på forhånd. Så han holdt fast og blev ved med at holde fast – som en ligemand. En klar udfordring for Donald Trump.

Macron udfordrede ikke kun én gang under dette Nato-møde i Bruxelles, som var hans debut som præsident på den internationale scene. Det skete hele to gange. Macron var til en afveksling for sent på den på grund af sin egen snaksalighed og kom derfor til at imødegå hele flokken, hvor Trump troede, de igen skulle *"perform another handshake"* – han var parat. Macron styrede udenom og naturligvis direkte mod kvinden i selskabets første række. Han kindkyssede Angela Merkel – og lod Trump være Trump. En passende måde at understrege den fransk-tyske alliance i det Europa, som Trump nu mente, det var passende at stramme skruen over for – ikke mindst pekuniært. Jo, de store smil var fremme den dag, der blev så afgjort lagt mærke til den unge udfordrer.

Derefter fulgte i juni 2017 Macrons prompte slogan *"Make Our Planet Great Again"*. Et direkte modsvar til *"Make America Great Again"* og en forsagelse af Trumps farvel til den klimaaftale, USA havde underskrevet i Paris ved COOP 21 i december 2015. Macron gik direkte mod Trump i spørgs-målene om klima, om frihandel, om Iran-atomaftalen. Under-skrevne aftaler var normalt bindende, og Macron insisterede på at forklare præsident Trump sine synspunkter. Trump fik en invitation til Paris på den franske nationaldag den 14. juli. Det blev set som *"the Beginning of a Beautiful Friendship"*. Macron var dog oplært i De Gaulles ånd med mottoet "Stater har ikke venner, de har kun interesser" – *"Les états n'ont pas d'amis, ils n'ont que des intérêts"* – og Trump brugte sin vante forretningsmetode og ånd, hvad end der mødte ham.

Trump udførte i Paris mangen et langt håndtryk som for at ryste den unge udfordrer på plads, alt imens Macron underviste i fransk historie og de universelle værdier, der nu engang er grundlaget for den franske republik, og som enhver franskmand er stolt af. "Frihed, Lighed og Broderskab" er stadig basis for opdragelse, skole og normer.

I 2017 var det 100 år siden, amerikanske soldater blev sat ind i Første Verdenskrig, *la Grande Guerre* – en af de blodigste krige, verden dengang havde kendt. 14 millioner omkom. Krigen havde raset siden 1914, og det var først med amerikanernes mellemkomst, at den begyndte at vende og gå mod en slutning. 11. november 1918 kom en våbenhvile i stand, en egentlig fredsslutning fulgte først i 1919. Tyskland stod med et nederlag, der indirekte skulle blive til grundlaget for Hitlers vej til magten og hermed for Anden Verdenskrig. Den politiske radikalisering voksede ud af den ene krig ind i den næste. Et samlet Europa i fred og i et tæt samarbejde var lidt af en drøm – en drøm, der skulle blive til virkelighed. Her spillede diplomatiet en kæmperolle. Der var en De Gaulle, der tog en Adenauer i hånden, og senere en Mitterrand, der tog en Kohl i hånden. Det fransk-tyske lokomotiv prustede, men syntes i 2017 igen at køre på skinner om end med kontrolstop af diverse politisk art. Emmanuel Macron havde for længst gjort endnu en De Gaulle-sætning til sin: *"Le patrotisme, c'est aimer son pays. Le Nationalisme, c'est détester celui des autres.*" – "Patriotisme er at elske sit land. Nationalisme er at hade andres land".

Macrons generation havde ikke oplevet krigene, men som han skulle sige i en brandtale i Europa-Parlamentet i Strasbourg i april 2018: "Jeg vil ikke tilhøre en generation af søvngængere, der har glemt sin egen fortid eller som nægter at se uroen i egen nutid. Enhver er ansvarlig. Jeg vil tilhøre en generation, der er fast besluttet på at forsvare demokratiet." Nationalismen og protektionismen voksede på begge sider af Atlanten. Det blev ikke sidste gang, Macron skulle komme med advarsler.

Amerikanske soldater marcherede den 14. juli 2017 på Champs Elysées for at mindes de faldne og understrege vigtigheden af et fortsat tæt samarbejde. Trump blev så begejstret over hele højtideligheden, at han besluttede at indføre samme form for militærparade på den amerikanske nationaldag d. 4. juli. *"He loves to hold my hand,"* sagde han spøgende til afsked og inviterede samtidig Præsident Macron og fru Brigitte til USA.

"Når Macron går ind i noget, så er det for at overbevise og vinde," siger politolog Pascal Perrineau, "han spiller højt spil, det er Bonaparte, der skærer igennem – men han lytter. Han har i international sammenhæng skabt sig et godt, solidt billede."

Donald Trump vil også vinde, men argumenterer ikke nødvendigvis. Emmanuel Macron lagde alle kort på bordet omkring faren ved at trække sig fra Iran-aftalen. Det kunne få spændingerne i Mellemøsten til at eskalere. Han advarede mod at flytte USA's ambassade fra Tel Aviv til Jerusalem. Han advarede igen mod at trække sig fra klimaaftalen. Han advarede mod handelsbarrierer og straftold på stål og aluminium over for Kina, Canada og samarbejdspartnerne i Europa. Men han forstod hurtigt, at Trump var urokkelig. En såkaldt *bromance* – mange kindkys og rygklap – havde udspillet sig for åbent tæppe. Trump havde åbenbart først nu opdaget kindkys og kunne slet ikke holde op. For åbent kamera og mikrofon fjernede han hårskæl fra den unge præsidents skulder med ordene: *"He has to be perfect, he is perfect!"* – endnu en hanekamp, der skulle få den franske præsident til at fremstå endnu yngre og mere uerfaren, end han var. Hjemme i Frankrig morede præsident Hollande sig – også for åbent kamera og mikrofon: "I det par er det vist Macron, der er den passive."

Emmanuel Macron talte i Kongressen. Her var han alt andet end passiv. Han gik til frontalangreb på Trumps politik og advarede mod konsekvenserne. Han fik mange stående bifald. "Man kan vælge isolationisme, tilbagetrækning og nationalisme. Det er en mulighed. Det kan midlertidigt være et fristende middel. Men at lukke døren til verden, stopper ikke verdens udvikling. Det hverken dæmper eller fjerner borgernes angst. Det er tværtimod årsag til vrede og frygt (…) Vi vil ikke lade den ekstreme nationalisme ødelægge vores håb om en bedre verden. Angst og vrede skaber intet. Det varer kun en tid, men det gør os svagere. Vi bliver langt stærkere af at holde sammen og kæmpe imod (…) som Franklin Delano Roosevelt sagde, da han første gang blev indsat som præsident: *"The only thing we have to fear – is fear itself.""*

Næste skridt var, at Trump meddelte, at USA trak sig ud af Iran-aftalen. En handelskrig med Kina og de allierede i Europa begyndte. Landene skulle pålægges en slags straftold for at have "udnyttet" USA så længe. Verden spekulerede på, hvad der ville blive det næste, USA trak sig ud af. Hvad tænkte administrationen og republikanerne egentlig om Emmanuel Macron og hans besøg i USA, hvor han tydeligt havde lagt sine meninger frem, der ikke rimede med Trumps? "Det er helt umuligt at vide, hvad præsident Trump tænker," svarede Michael Rubin fra den ret konservative tænketank American Enterprise Institute. "Der er stort set ikke fokus på Macron i Washington."

Og Republikanerne?

"De har slet ingen mening."

Er Macron ikke vigtig nok?

"Det er ikke så meget det. I Kongressen og blandt Republikanerne er der mange, der ikke går fuldt ud ind for Trumps agenda, selv om de er for svage til at modstå – det er mere som *a case of distraction.*"

Distraktion – et område, Donald Trump mestrer. Er der problemer et sted, flytter du hurtigt fokus et andet sted hen og dyrker det intenst, så pressen bliver nødt til at følge med og forhåbentlig glemmer udgangspunktet.

Washington Post bragte den 28. juni 2018 en afsløring om Emmanuel Macrons besøg i USA – og det fra to officielle franske kilder, der forblev anonyme. Det Hvide Hus modgik dog ikke udsagnet. Under Macrons besøg skulle Trump have opfordret præsident Macron til at forlade EU-medlemskabet for så til gengæld at få helt andre favorable vilkår i en bilateral aftale med USA. *Distraction!* EU var en torn i øjet på Trump. Der skulle ryddes op i handels- og magtstrukturerne. *America First*, tak!

Afsløringerne kom, da EU var midt i en kæmpekrise og var ved at splitte sig op i to, hvis ikke flere. Først klokken 4.30 om morgenen kunne man i Bruxelles annoncere en aftale, der ikke bragte meget nyt – andet end at man fortsat forsøgte at holde sammen. Emmanuel Macron var – med al sin Europa-entusiasme – ved at udrede betydningen af nattens forhandlinger, da han fik spørgsmålet om Trumps tilbud. Under spørgsmålet smilede præsidenten helt op til begge ører, svarede derefter på migrantkrisen, som var hovedspørgsmålet. Han svarede alvorligt, som situationen naturligvis påkrævede – og kom så til de fortrolige forhandlinger, der åbenbart var blevet refereret fra. "Private samtaler – med min indstilling til tingene – forbliver private. Sådan bør det også være for den seriøse presse. Var jeg blevet stillet spørgsmålet, må det med min holdning både i udtalelser og i politik da stå helt klart, at det ville jeg sige blankt nej til!" Så nåede præsident Macrons smil igen helt op til ørerne.

Det var også i de dage, at pressen kunne fortælle, at præsident Trump ville forlade WTO, fordi aftalerne ikke var fordelagtige nok for USA. Trump skulle endnu en gang ud at mødes med en topleder i et fremmed land. Sidst var det Nordkoreas leder Kim Jong-Un i Singapore – ifølge Trump en kæmpe succes, selv om rygter begyndte at løbe om nylig atomoprustning trods løfter om det modsatte på hemmelige steder i Nordkorea. *Fake news?*

Fake var det ikke, at Trump den 16. juli 2018 skulle mødes med Vladimir Putin i Helsinki. Det var en symbolik, der var til at få øje på. Især da selve programmet, som lynhurtigt var kommet op at stå, syntes tyndt. Putin kunne ikke være utilfreds. Dagen efter afslutningen af Ruslands solen sig i fodbold-VM fulgte et *"person to person"*-møde med den amerikanske præsident. Det var en passende anerkendelse af Rusland. Distraktion – mulig russisk indblanding i den amerikanske valgkamp – skulle så høre fortiden til, selv om forundersøgelserne op til en mulig retssag ikke endnu var færdige. Trump var og forblev uforudsigelig. Bortset fra på ét punkt: Målet var i alle henseender midtvejsvalget i november 2018. Dér lå fokus. *America First* – ude og hjemme.

Macron talte stadig i telefon med Trump. Han argumenterede med garanti for at overbevise – aldrig give op. For et er at være uenig og have en anden holdning, men samtidig, *en même temps* i Macron-filosofien, skal man prøve at sætte sig i den andens sted for at kunne forstå og hermed kunne argumentere endnu bedre imod i håb om at overbevise. Det er metoden for det nye diplomati, der er Macrons. Derfor taler han med og modtager alle – fra Putin, Trump og Erdogan til Libyens førende generaler, Egyptens Sissi og Israels Netanyahu – for nu blot at nævne nogle få. Og han rejser selv – han er utrættelig. I sit første år som præsident har Macron været i

31 lande og rejst over 200.000 km, hvilket svarer til fem gange jorden rundt.

"Frankrig har altid haft et stærkt diplomati i sine bedste stunder, når landet mente sig kaldet. Fortæl mig, hvad jeg kunne have ladet være med? Kan Frankrig tillade sig den luksus at lade være med at forsøge at finde en løsning i Syrien og Mellemøsten? (…) Det er i vor egen interesse. Terrorismen, der ramte os i 2015, kom derfra. Lader vi en ny terrorisme udvikle sig, bliver vi igen ofre (…) Jeg vil ønske, man vil kunne huske, at Frankrig og hermed også Europa er tilbage i hjertet af verdensdiplomatiet. Vi har kunnet undgå de helt store omvæltninger, som ville have betydet enten vor udslettelse eller en konstant trussel," sagde en alvorlig præsident i sit fly i juni 2018 på vej tilbage fra en af sine mange rejser.

Sådan er stilen. Emmanuel Macron kan stå i timevis i Ouagadougou i Burkina Faso og joke med kritiske studenter og forklare dem, at *Françafrique* – fransk neokolonialisme i Afrika – er slut. Det er nu, de selv skal tage ansvar. Franske økonomiske interesser og militær er dog fortsat ret præsent på det kontinent, der har fået fornyet interesse som kommende udviklingspol – ikke mindst for Kina. Rent militært i kampen mod Daesh og terrorismen er franske tropper blandt andet i Mali og ikke mindst i Sahel-området. Frankrig har faste militærbaser i Senegal, Elfenbenskysten og Gabon og flådebaser i Djibouti og Abu Dhabi.

Emmanuel Macron kan stå i Abu Dhabi i Emiraterne og indvie et "lille Louvre"-museum og så få at vide, at Libanons premierminister Saad Hariri meddeler – ikke fra Beirut, men fra Riyadh – at han nu trækker sig tilbage som regerings-leder. Hvad gør Macron? Han hopper på et fly og dukker op i Saudi Arabien og taler med den nye handlekraftige kronprins Mohammad bin Salman Abdulaziz Al Saud. Resultat: Hariri er stadig premierminister i Libanon. Fra en ”kidnapning” i Riyadh direkte til Elysée-palæet i Paris som en fri mand og derefter tilbage til Beirut. Frankrig glemmer ikke Libanon og heller ikke Syrien. Det sørger det franske mandat fra 1920 til 1946 i regionen for. Et eksempel på Macrons overtalelsesevner, handlekraft og ikke mindst direkte anskuelsesundervisning i, hvor store de lokale og de geopolitiske spændinger er i området, og hvor hurtigt tingene kan udvikle sig.

Emmanuel Macron er i sagens natur også tit i kontakt med Irans præsident Hassan Rouhani – ikke mindst for at overbevise ham om, at bortset fra USA mener alle andre underskrivere af Iranaftalen naturligvis, at den skal bevares. Macron balancerer som fredsmægler mellem Saudi Arabien og Iran – mellem sunnier og shiitter. Hvor USA trækker sig, kommer nye spillere til, som Macron naturligvis taler med og besøger – Kina og Rusland er ikke til at komme uden om.

Manden, for hvem alt lykkedes, havde straks succes på den internationale scene – som havde man bare ventet på ham. Ikke fordi det har givet de helt store resultater, men symbolik-ken er vigtig. Nye initiativer, en ny tone, en ny stil. Frankrig har i løbet af kort tid fået et langt bedre image og renommé. Verdens sjettestørste industrination pudser fjerene.

Frankrig har en svaghed for handlekraftige personer, for helte, for folk, der fylder uniformen ud. En præsident skal være en præsident skal være en præsident skal være en præsident. Det havde ikke undsluppet Emmanuel Macron, så han blev præsident i højeste potens – alt imens han søgte sin rolle og prøvede grænserne af. I et interview med bladet Challenges beskrev han så langt tilbage som i oktober 2016 præsidentrollen som en "Jupiter" – den romerske gud over alle guder, der fra det høje styrer tingene. Hans pointe var, at forbillederne for ham i forhold til præsidentrollen var general Charles de Gaulle og præsident François Mitterrand – men når man nu hverken er fra højre eller fra venstre, så vælger man en fjern gud, der symboliserer det vertikale. Præsidenten, der våger over befolkningen og gør sit bedste. Tilnavnet Jupiter blev hængende, og Macron gjorde også sit til, at det var meget passende.

Den ensomme gåtur hen over Place du Carrousel med Louvre-pyramiden som baggrund til tonerne fra Beethovens 9. symfoni, 'Ode til Glæden', nu Europa-hymnen, på sejrsnatten den 7. maj, fik folkeviddet i gang. "Tror han, at han er en farao?" Den 14. juli kørte Macron den traditionelle tur op ad Champs Elysées i åben kampvogn ledsaget af hærens øverstkommanderende, general Pierre de Villiers, som han i dagene forinden havde belært om – hvilket ifølge Forfatningen også var korrekt – at han, præsidenten, var hans chef, så når han, præsidenten, bebudede nedskæringer i budgettet, så skulle generalen ikke offentligt gå imod. General de Villiers så fredelig ud på turen, men trak sig prompte derefter og gik på pension. En chef er en chef er en chef, var læren. Præsidentens kritik af generalen var meget offentlig.

Pressen skulle også forstå, at det var nye tider. Macron

var præsident. Ikke en "normal" præsident som Hollande, der havde sludret langt over stregen med pressen. Adgangen til præsidenten blev nu anderledes striks. Kommunikationen blev styret, og der var ikke plads til fejltagelser. Det traditionelle interview den 14. juli var aflyst, og udtalelser fra præsidenten blev sjældne. I Frihedens, Lighedens og Broderskabets land gik den ikke rigtig hjem – og det opdagede Emmanuel Macron med sin fine politiske næse da også ret hurtigt. Paradokset er, at franskmændene på én gang vil have en ophøjet præsident – en far for nationen, der klarer alt og har alle løsninger på alle problemer, en frelser. Frankrigs ære – Frankrigs stråleglans, som det siges uden blusel – skal bæres værdigt frem og sikre Frankrig i den større verdensorden. Ikke ligefrem den moderne verden, som præsidenten ønskede at præsentere – snarere den gamle verden eller den, der gik forud. Det kræver en vis pondus at være bærer af de universelle værdier og være udpeget dertil. Det tynger.

"Je ne suis pas père Noël," havde Macron gang på gang sagt under valgkampen. – "Jeg er ikke julemanden. Jeg kan ikke løse alt, endsige styre det private erhvervsliv. " Man kan ikke påstå, at han ikke fremlagde problemerne under valgkampen, men nu var han den ansvarlige. Jupiter var fanget i nettet. Forventningerne skulle indfries.

Første skridt: Frankrig skulle have en ny regering, og det hurtigst muligt. Den blev en overraskelse.

"Jamen, det er jo kun os, der kender ham," sagde de oppe i Le Havre i Normandiet. Deres borgmester Edouard Philippe var nu Frankrigs ny ministerpræsident. Nu er de heller ikke helt nemme at imponere. 80 % af Le Havre blev totalbombet i de sidste dage af Anden Verdenskrig (såmænd af englænderne) og skulle lynhurtigt genopbygges. Først da UNESCO placerede arkitekt Auguste Perrets betonbygninger på verdensarvslisten i 2005, begyndte også byen at anerkende arkitekt Auguste Perrets løsning fra 1945.

Borgmester Edouard Philippe fra partiet les Républicains, en tæt støtte til Alain Juppé, skulle vise sig at være helt kompatibel med præsidenten. Et smertefrit og loyalt parløb har fulgt siden udnævnelsen. Posten betød, at han blev smidt ud af sit gamle parti, og han har ikke meldt sig ind i det ny LREM – la République en Marche.

Ifølge Forfatningen præsiderer præsidenten og lader regeringen regere. Præsidentens specielle områder er de væbnede styrker og udenrigspolitikken – men der er ikke mange hjørner, ikke mange kroge, ikke mange møder, som præsident Emmanuel Macron ikke er inde over. Macron ved alt, kender detaljerne og melder sig til enhver tid, hvis han mener, det er vigtigt. Telefonopringninger meget sent, sms klokken 3-4 stykker om natten og i sommeren 2017 og sommeren 2018 med besked til regeringsmedlemmerne om først at holde ferie en uge eller to i august – og ikke være for langt væk fra Paris. En regering med lige antal mænd og kvinder, en regering med "tunge" og kendte personer både fra les Républicains og også fra socialistpartiet.

Indenrigsminister Gérard Collomb, fra 2001-2017 borgmester i Lyon, blev som Ministre d'Etat regeringens nummer to. Han skulle hurtigt blive kendt som Monsieur Sécurité – med stramme holdninger til sikkerhed og immigration – og han var ikke bange for at udtrykke dem. Collomb var fra socialistpartiet og nær ven med Emmanuel Macron.

Præsident Hollandes nære ven – og hans velrenommerede forsvarsminister – Jean-Yves Le Drian blev nu i Philippe-regeringen en meget stabil udenrigsminister og Europa-minister. Han forlod først socialistpartiet i marts 2018, lige før han ville blive bedt om at gå. Under primærvalget i 2017 ville han støtte Hollande, men da præsidenten valgte ikke at stille op, støttede Le Drian Manuel Valls. Da Benoît Hamon vandt primærvalget, lod Le Drian vide, at han ville stemme på Emmanuel Macron.

Den vigtige post som finans- og økonomiminister gik til endnu en af de tunge drenge fra les Républicains, Bruno Le Maire. Han fik øjeblikkeligt at vide, at han ikke længere var medlem af les Républicains. Det blev han så til gengæld af République en Marche.

Kvinder sad på de vigtige poster som justitsminister, arbejdsminister, forsvarsminister og kulturminister. Andre ministre var meget unge og ukendte, de kom fra det private. Det var netop også meningen – en total fornyelse af kræfterne for en frisk start.

En Marche var en græsrodsbevægelse – République en Marche skulle forhåbentlig blive et parti. Men i juni 2017, hvor der var valg til Nationalforsamlingen, og der derfor skulle findes kandidater – helst lige dele mænd og kvinder fra *all walks of life* – så var de stort set uden politisk erfaring. Det var helt sikkert hektiske tider.

Maria Sara blev kontaktet og kastede sig ind i valgkampen. Når hun skal beskrive sig selv i den sammenhæng, er det med fødderne i mudderet og hovedet i Paris. Kvinden, der ikke var født i Sydfrankrig, men som havde en drøm: Hun ville være tyrefægter, og det blev hun ved hjælp af ren og skær vilje og entusiasme. I dag er hun for det meste i Camarque, fordi det er her, hun føler sig hjemme og her, hun opdrætter tyre. Til hendes store glæde går hendes søn samme vej – en ny *toreador* er på vej.

Sara var på sin vis den ideelle kandidat i Le Gard – en kvinde med kæmpeengagement i området og dets traditioner. Hun havde valgt at blive en derfra – med hud og hår – og det havde taget tid. Som hun sidder der og griner, får man fornemmelsen af at have kendt hende længe. Hun havde lige tid til at kigge forbi på nabocaféen ved siden af, hvor hun bor, når hun er i Paris.

”Valgkampen var fantastisk, jeg mødte masser af mennesker – lidt med sommerfugle i maven, for jeg holder så usigeligt af egnen le Gard, Nîmes. Folk udefra kender os ikke rigtigt. Der er faktisk stor rigdom og liv i traditionerne – de, der ikke kender os, går glip af meget!”

Maria Sara tabte til den vante mand, der havde været installeret i mange år ”uden at gøre noget for området, andet end at blive valgt, og så så man ham ellers ikke mere,” fortæller hun. Navnet var Gilbert Collard fra Front National.

”Jeg kunne lige så godt have vundet, havde folk gjort sig den ulejlighed at gå hen og stemme. Jeg tabte med 64 stemmer – bare 64! Bagefter kom folk og undskyldte, tak for det! Over 50 % blev væk.”

”Jeg har fået blod på tanden, man kan ikke overlade egnen

til politikere og folk, der ikke har engagement. Folk føler, at de er meget langt væk, og at de bliver misforstået. Jeg er helt sikkert med ved næste kommunalvalg i 2020, fordi jeg fandt ud af det her under valgkampen: De sande racister kan man ikke gøre noget ved, de er helt tabt. De er til gengæld ikke så mange. De vrede kan man måske overtale og omvende, de tøvende, dem, der er bange for at miste deres sociale rettigheder, der er negative over for Europa og i det hele taget er mod alle former for ændringer, skal man snakke med. De fleste er med på at rykke nærmere sammen i stedet for bare at finde en syndebuk og skælde ud. Vi har da problemer. Der er ikke megen industri, der er arbejdsløshed, der er mangel på uddannelse, vi har racisme, som Front National har udnyttet. *Les harkis* – folk fra Algeriet, der havde kæmpet på franskmændenes side under Algierkrigen, måtte forlade landet helt som franskmændene, og mange slog sig ned her. Det, vi skal gøre, er at udvikle området, få det til at blomstre. Nu er der ny ilt – tingene skal forenkles – landområder og regioner skal have gang i udviklingen. Jeg er i hvert fald parat. Jeg har fundet hjem. Da jeg var 14, besluttede jeg at blive tyrefægter, det var min drøm, og det lykkedes. Folk har taget imod mig. Nu vil jeg godt give lidt tilbage. For mig er Macron chancen, du ved, folk med drømme, dem kan vi ikke være foruden." Latteren er høj, da Maria Sara smutter ud i december-kulden for så at stikke hovedet ind igen og råbe: "Vi ses i Camarque!" Halvdelen af caféen svarer: "Vi ses i Camarque!"

République en Marche fik en overvældende valgsejr med absolut flertal i Nationalforsamlingen. Det myldrede derfor med nybegyndere. Når valget ligger så tæt på selve præsident-valget, plejer det ene resultat at smitte af på det næste. Her havde spændingen været stor, fordi ingen kendte République en Marche, heller ikke kandidaterne – alligevel var sejren overvældende. Alle partier havde små støttepartier bortset fra Front National. Ud af Nationalforsamlingens 577 pladser kom LREM til at sidde på 361, Les Républicains på 126, socialistpartiet på 46, la France Insoumise på 26 – og endelig Front National på bare 8 pladser. 56,6 % af vælgerne blev væk fra stemmeurnerne.

Emmanuel Macron sad med trumfkort og med magten. Nu skulle den bruges. Den første fase var supervigtig – det kunne hurtigt blive for sent. Den "demokratiske revolution" gik for alvor i gang. Det kom til at gå hurtigere, end nogen havde forventet. Det fløj om ørerne på alle involverede med nye tiltag, forslag og love. Den nye regering fik på få måne-der gennemført moraliseringsloven, arbejdsloven, påbegyndt omlægning af sociale ydelser, arbejdsunderstøttelse, efter-uddannelse, lærlingeuddannelse og pensioner. Hvad mange regeringer tidligere forgæves havde forsøgt, kom nu – også en reform af de franske statsbaner SNCF. Godt nok med dertil hørende måneder lange strejker, hvor regeringen holdt fast og fagforeningerne også, mens franskmændene, der godt kunne se, at noget skulle ske, men alligevel også som vanligt havde sympati for de strejkende, efterhånden syntes, at nu måtte det godt stoppe. Fagforeningerne blev ikke stærkere af den seance, snarere splittede, men den hårde kerne (CGT og SUD RAIL) svor fortsat, at blot fordi reformen var gennemført, ville det ikke stoppe dem. "Det er som vejrudsigten. Du hører den om morgenen i radioen, og du hører, hvilke toge, der kører, og så tilpasser du dig," grinede forfatteren Jean Contrucci, – "de ER ved at tabe pusten."

Det blev ikke nogen kæmpereform. SNCF skulle åbne for konkurrence regionalt, men fortsat være i statens hænder. Staten påtog sig at indfri 35 milliarder euro af den opsparede gæld på 46,6 milliarder, og de, der var ansat med særstatus – blandt andet med mulig pension fra 50 år – beholdt denne ordning. Først fremover ville nyansatte overgå til de gængse 62 år som pensionsalder. Alligevel blev SNCF set som prøvestenen for, hvor langt regeringen var villig til at gå for at spare og hermed ødelægge velfærdssamfundet, der var blevet kæmpet så hårdt for at opnå. Strejker og demonstrationer var længe om at ebbe ud, men alle forsøg på at få dem til at brede sig til at omfatte studerende ved universiteterne, funktionærerne og pensionisterne – nu da 68-revolten kunne fejre 50 år – tog aldrig rigtigt fart. Tiden var så afgjort en anden.

Skolesystemet blev reformeret, endda med tilfredshed til følge. En populær undervisningsminister havde man meget sjældent kendt til. Nu havde man rent faktisk en sådan – indtil videre. Jean-Michel Blanquer var med sine rolige og pædagogiske forklaringer en vellidt mand. Blandt de gennemførte tiltag var elevtal på kun 12 i de små klasser og forbud mod mobiltelefoner i skoletiden. Begge dele stammede fra Macrons programoplæg. Blanquer kom fra højre og er nu medlem af République en Marche.

Nye, strammere asyl- og migrations udkast vakte stor

debat. Præsident Macrons politik *Humanité et Fermeté*, menneskelighed og fasthed, blev kritiseret for at have absolut mest af det sidste. Det var en kritik, nogle af de folkevalgte i Nationalforsamlingen fra République en Marche også deltog i. Det var nyt – kritik fra egne rækker havde indtil da stort set ikke eksisteret. Debatten blev ikke bedre af, at de fremmede også blev drejepunkt om en splittelse af EU – og det på et tidspunkt, hvor ankomsten af asylsøgende og migranter var faldet med 44 % i årets første fire måneder i forhold til 2017. Alligevel blev det en topprioritet.

Frankrig havde været i undtagelsestilstand siden attentaterne i Paris den 13. november 2015. Den blev ophævet i november 2017, og en antiterrorlov blev indført. Den tillod oprettelse af sikkerhedszoner, overvågning, husarrest og ransagninger uden dommerkendelse – dog under dommeropsyn. Menneskerettighedsorganisationer som Amnesty International stillede sig kritiske over for omfanget af loven. Den nærmede sig stærkt undtagelsestilstanden, mente de. Politisk set var formålet at berolige. Sikkerhed, terrorisme og de fremmede blev hyppigt brugt i det politiske landskab – mest for at understrege, at regeringen ikke gjorde nok.

Parlamentet skulle også reformeres. Antallet af medlemmer skulle beskæres med 30 %, og der skulle være loft for, hvor mange gange man kunne bestride samme post – som udgangspunkt kun tre. Kun ét mandat ad gangen var tilladt. Var man både borgmester og medlem af parlamentet, måtte man vælge mellem de to. Hertil kom økonomiske tiltag, lettelse af boligskat og selskabsskat samt fjernelse af formueskat

– med opfordring til at investere i Frankrig. Der skulle skabes arbejdspladser. Uden resultater ingen succes. Alle måtte gøre en indsats, lød det. Det foregik naturligvis ikke uden debat, ikke uden forhandlinger til ud på de små timer, ikke uden kritik fra civilsamfundet. Mange følte, at det var dem, der muligvis ville investere, som fik mest – og ikke dem, der trængte mest. Den førte politik var en højrefløjspolitik, ikke en social politik. Tilnavnet *le Président des Riches,* de Riges Præsident, var Emmanuel Macron lettere irriteret over, afslørede han i privatregi. Formålet var at få gang i økonomien, og det kunne ikke ske uden investeringer. Det betød ikke, at socialpolitikken var glemt, men først skulle budgettet kunne hænge sammen. Derfor skulle der saneres og reformeres. Det var simpelt hen en forudsætning, hvad han jo også havde forklaret under valgkampen.

Populariteten steg ikke, da bolighjælpen APL, *aides personalisées au logement,* blev sat ned med fem euro om måneden. Det var en af de første bestemmelser; det vakte furore. Populært var det heller ikke, at en del pensionister skulle betale højere socialskat, når andre nu slap for formueskat.

"Jeg beder om tålmodighed, pensionerne bliver lidt bedre om nogle måneder. Tro mig, det kommer. Vi kan først se resultat af reformerne efter 18 måneder. Det skal nok komme," forklarede Emmanuel Macron, når han venligt blev antastet af pensionister, der fortalte ham, hvor svært det var at få det hele til at hænge sammen.

Velfærds-Frankrig knagede i fugerne. 9 millioner af landets 67 millioner indbyggere levede under fattigdomsgrænsen på

1.015 euro om måneden. Hvert femte barn voksede op i en fattig familie, og dog understregede ministerpræsident Edouard Philippe, "er vi det land, der har det højeste niveau af sociale udgifter." Præsident Macron skulle selv gå endnu videre, da han under et arbejdsmøde i Elysée-palæet i skjorteærmer udbrød: *"pognon de dingue"* – en afsindig masse penge, bliver der brugt, men fattigdommen er ikke forsvundet. Det skete i en offentlig video, som Elysée-palæet selv offentliggjorde som optakt til omlægningen – i sagens natur stramningen – af de sociale udgifter for at få "husholdningsbudgettet" til at hænge sammen. Regeringen mente, at det kunne forgå ved effektivisering, men havde svært ved at berolige de mange, der var nervøse for at blive ramt.

Der blev skabt 341.000 nye arbejdspladser i 2017. Underskuddet kom under de 3 % af BNP, som EU-landene har skrevet under på at tilstræbe. Det var en premiere for Frankrig, der ikke ligefrem havde været duksedreng i den henseende og alligevel var sluppet godt fra det i adskillige år. Nu var det på tide at blive seriøse. Hr. og Fru Frankrig så mere på købekraft og dagligliv, men afviste heller ikke reformer. Skepsis var dog mere og mere fremherskende. Tålmodigheden var ved at blive tyndslidt.

"Det er en utaknemmelig periode. Der er masser af reformer, men ingen resultater endnu. Det er altafgørende og svært. Antallet af utilfredse vokser," siger Henri Gibier, chefredaktør ved den anerkendte økonomiske avis Les Echos. – "Man ved godt, at hvis det ikke var Emmanuel Macron, så var det populismen, og det er 70 % imod, og det gælder både højre og venstre yderfløj. Folk vil hverken have Marine Le Pen eller Jean-Luc Mélenchon. Men der er en vis immobilitet i Frankrig. Man er bange for reformer. Ja, Emmanuel Macron har fordele, han sidder komfortabelt på flertallet, oppositionen er stort set i ruiner, folk er fortsat afventende, men hvor længe? Han er kommet godt fra start, samarbejdet med ministerpræsidenten er upåklageligt, men det er kæmpe ændringer, der er sat i gang, det skal ske hurtigt, der skal forhandles, og der skal ikke mindst finansieres. Fagforeningerne er bange for at miste indflydelse, de vil ikke slippe. Arbejdsløsheden er gået lidt ned. Det ER blevet nemmere at ansætte folk, men der er en overgang, inden det for alvor fungerer. 2018 kan blive et risikofyldt år. Emmanuel Macron er respekteret – i modsætning til Hollande. Man kan mærke, han har vilje til at ville ændre tingene, det er ikke kun en positur, han indtager".

"Meget af det, han har sat i gang, er blevet katalogiseret som værende til højre. Han risikerer at miste sine venstretilhængere. Det er en meget lille gruppe, der regerer landet. Det gør det vanskeligere at forklare og få det kommunikeret ud bagefter. Macron er – i bedste *Bercy*-stil (finansministeriet, red.) – lidt tør, men han lærer hurtigt. Han har flere fordele end sine modstandere – en af dem er at have magten."

Emmanuel Macron fungerede med meget få rådgivere omkring sig. Den nærmeste var Alex Kohler – et alter ego, som ikke var kendt af den brede befolkning. Kohler var Macrons "kontroltårn", som fik reformerne til at kunne lette og til at kunne lande. Naturligvis også med en uddannelse fra ENA, dog ikke samme årgang som præsident Macron. De mødtes i Elysée-palæet begge i Hollande-regi. Kohler er nu Elysée-palæets generalsekretær, udtaler sig sjældent offentligt og helst slet ikke. Embedsmanden har det bedst med anonymitet. Kohler kender alle sager fra A til Z i samme grad som Macron.

Emmanuel Macron uddelegerede, men sjældent uden også selv at følge med. Ministerpræsident Edouard Philippe holdt medarbejderudviklingssamtaler med sine ministre i sommeren 2018 for at finde ud af, hvad ministrene mente, hvad de havde opnået, og hvad der manglede – og hvilken vej de forestillede sig fremover. Det skete på opfordring fra præsident Macron.

"Macron fører en management-strategi, der har sine begrænsninger. Vi kan ikke leve i en Macron-boble, som var han forsynets mand, en messias, sendt som en anden De Gaulle for at redde os. Sådan fungerer demokratiet ikke. Det er, som landet er blevet bedøvet, oppositionen er blevet bedøvet. Man er for eller imod Macron mere, end man selv kommer med udvikling og idéer. Det er en nok så autoritativ udvikling, demokratiet synes at tage. Det skaber ikke kreativitet," siger Lucile Schmid, redaktionsmedlem på det anerkendte tidsskrift Esprit, hvor også Macron har skrevet artikler.

"Det er noget af et væddemål at tage udgangspunkt i, at der for alvor vil blive investeret i Frankrig, når der foreligger skattelettelser og afskaffelse af formueskat, så vil alle tage ansvar, blive og udvikle nye projekter. Holder det? Vi er i et land, hvor social ulighed vokser, fattigdommen stiger, de unge har svært ved at komme videre, ja, der skal reformer til, men folk skal også kunne følge med og forstå. Her er der ikke meget, der minder om social forståelse og nærhed. Macron har fået en flot start i udlandet, i Frankrig forekommer han klassisk liberal, vi mangler stadig for alvor at se den sociale plan. Stilen er oppe fra og ned – teknokratisk."

Emmanuel Macron begyndte at vise sig mere, lod sig igen interviewe for at forklare bevæggrunde. Somme tider gik det godt, andre gange brød et stormvejr ud på de sociale medier – som da Macron gik imod populismen og den politiske klasse, der "i de seneste 15 år" havde lovet og ikke gennemført det lovede. Det skete med den nu berømte sætning *"Je ne céderai rien, ni aux fainéants, ni aux cyniques, ni aux extrêmes,"* – "Jeg viger ikke over for de luddovne, over for kynikerne og over for ekstremerne – jeg er fast besluttet på at gennemføre reformer, og jeg beder Jer om hver dag at være lige så beslutsomme."

Den opsang fik i den grad franskmændene til at føle, at de var dovne, kynikere, pessimister – og hvad bildte han sig egentlig ind? Fagforeninger, politiske oppositionspartier stod i kø for at bære ved til bålet om den arrogante og frelste Jupiter. Ordene faldt i Athen over for de forsamlede lokale franskmænd og var afslutningen på et statsbesøg, der først og fremmest skulle understrege, hvor vigtigt Europa var for Frankrig – for klimaet, for sikkerheden, for forsvaret og for den økonomiske udvikling. Det skal siges, at to dage tidligere havde Emmanuel Macron denne gang i Bukarest udtalt en anden sætning, der fik franskmændene til at hoppe: *"Les français détestent les réformes"* – "franskmændene hader reformer". Igen foran de lokale franskmænd.

Nu er Emmanuel Macron ikke den første, der har fundet på

det udsagn. Rent statistisk må man vel sige, franskmændene er parate til at modgå ændringer verbalt, fysisk og det vedholdende, en anden ting er naturligvis selv at få det at vide. Der var ingen i Bukarest, der lagde mærke til den efterfølgende sætning: "Frankrig er kun sig selv, når hun kæmper for noget, der er større end hende selv." (…) "at føre Europa mod nye projekter er en sådan kamp."

Frankrigs storhed landede midt i Europaskepsis. Helt som den efterfølgende sætning til de dovne, kynikerne og ekstremerne ikke blev hørt fra Athen: "Vi vil gennemføre reformerne uden brutalitet, roligt, med forklaringer, der giver mening (…) Hvad vil vore europæiske partnere sige, hvis vi ikke selv er i stand til at reformere?" De Gaulle sagde i 1967 til sin minister Alain Peyrefitte: "Det er mærkeligt så svært, franskmændene har ved at tilpasse sig virkeligheden."

Macron skulle overbevise om, at hans vej, som han havde skitseret den og gang på gang havde understreget, at han ville fastholde den, ville give et rigere, bedre, socialt og ligeværdigt samfund. Der var enighed om, at reformer var nødvendige – nu kaldt transformationer – for ikke at skræmme nogen, men når det nærmede sig en udmøntning tæt på én selv, begyndte skepsis at melde sig.

"Franskmændene har flyttet på sig. De kan godt se, at reformer er nødvendige. Men at overvinde fransk skepsis, forsigtighed og oprørstrang er ikke nogen let affære. Macron har gode strategiske evner, han er en eminent forhandler, han sætter barren meget højt – ikke mindst, når det gælder Europa. Han har modet – han overrasker. Han er et politisk

oxymoron – mødet mellem modsætninger – som udtrykt i
”den lysende nat” eller ”den larmende stilhed”. Han forener
det venstreorienterede højre og det højreorienterede venstre,
og noget helt nyt opstår,” siger politolog Pascal Perrineau,
mangeårig underviser i statskundskab og direktør for CEVI-
FOP, centret for politiske studier ved Sciences-Po.

”Her på Sciences-Po kunne vi bogstaveligt talt måle ”Ma-
cron-effekten” fra start – vi fik 50 % flere ansøgninger fra
udenlandske studerende. Han havde udlandet og den politiske
og kulturelle elite med sig. Nu skal han så tilpasse Frankrig
til globaliseringen. Som dygtig taktiker over for de skeptiske
franskmænd går Macron modigt frem, så beroliger han, så
går han igen fremad, og så beroliger han – han har en bred
margin, det varer ikke ved, men der er fleksibilitet. Ændrin-
gerne kommer fra oven, men skal ændringer for alvor være
solide, så skal de komme neden fra.”

Hovedkvarteret for République en Marche ligger i rue
Sainte Anne, installeret i kontorer fra en gammel start-up
inde i en baggård i kvarteret, hvor man spiser japansk og er
trendy. Pascal Perrineau blev inviteret som fagmand.

”Gennemsnitsalderen er under 30. Åbent kontorlandskab,
ikke en bog, iPads naturligvis, de er sympatiske og åbne, men
politisk meget lidt trænede. Nu skal de så ud og overvinde
skepsis – og stå foran de gamle garvede. Hvem er så deres
egne kandidater? Det er ganske få! Der er aldrig langt til næste
valg. Foreløbig er oppositionen ikke alene i ruiner, men også
fejet af banen, men det vil ikke vare ved.”.

République en Marche var ikke uvidende om problemet.

Der blev holdt weekendkurser, seminarer og træning for alle nyvalgte. Det var en broget flok, mange eksperter på eget felt og med stor erfaring – bare ikke i det politiske virke. Der var vigtige valg forude – ikke mindst Europavalget i maj 2019. En ny *grande marche* blev året forinden i maj 2018 sat i gang. Frankrig skulle igen gennemgås for at lytte og for at forklare Europa visionerne. Derefter var der kommunalvalg landet over i 2020 – og her var faren stor ude i kommunerne. I 2021 i departementerne og også i regionerne – her manglede République en Marche for alvor kandidater og alliancer. Der var fra start begået store fejl fra Macrons side i forhold til landområderne, mener Pascal Perrineau.

"Emmanuel Macron er teknokrat. Han er omgivet af folk, der tænker som ham selv. Han er lynende intelligent, lidt arrogant. Alt bliver set fra Paris. Centralisering i et land, der fik decentralisering i 80'erne, slipper man ikke godt fra – og slet ikke, når man ikke forelægger sagen, men blot gennemfører den. Der blev skåret ned på indtægterne til kommunerne. Boligskatten forsvandt som indkomst, det var slut med penge til organiseret jobskabelse, halvdelen af kommunerådgiverne blev skåret væk, de fleste af dem arbejder faktisk gratis og hjælper med lokalt at holde gang i de små samfund. Det var totalt absurd – uden penge og hjælp fungerer kommunerne slet ikke. Beslutningerne og pengene skal formidles lokalt, ikke fra centralmagten. Resultatet var, at Macron fik borgmestrene på nakken."

Macron skulle i november 2017 tale på borgmestrenes årlige kongres i Porte de Versailles. Han blev modtaget af en hyle- og fløjtekoncert fra 15.000 forsamlede borgmestre, hvoraf en del dog også klappede.

"Jeg har under hele valgkampen bedt mine folk om ikke at fløjte og hyle, det beder jeg nu også jer om. Jeg vil ikke altid gøre, hvad I synes, jeg skal gøre. Men jeg er kommet for at sige, at jeg har brug for jer. Uden jeres indsats og engagement kan vort land ikke fungere."

De fleste klappede, da Emmanuel Macron 90 minutter senere sluttede sin tale. Kampen mellem by og land er ikke ny, og nedskæringer er aldrig velkomne. Emmanuel Macron forklarede, som han havde gjort det under hele valgkampen, at hele Frankrig skulle udvikles, moderniseres, ingen ville blive glemt. Ja, boligskatten ville over tre år forsvinde, men lokalskatter ville blive omlagt, og der ville komme større selvstyre lokalt. Der ville ikke blive rørt ved det territoriale landkort, og regeringen ville heller ikke gennemtvinge sammenlægninger af kommunerne. Antallet af kommuner var oppe på 35.416. Mange følte, at præsidenten kom meget langt væk fra den franske muld.

"République en Marche er blevet skabt fra oven af en eneste mand, nu skal man skabe nedefra. Lokalvalg vindes nedefra. Og derude på landet er både højre og venstre, men det er Macron og République en Marche ikke," understreger Pascal Perrineau.

"De kom som et frisk pust, de kom udefra og ikke fra det politiske liv, og heller ikke fra landet. De kender intet til, hvordan man leder kommunerne, de ved heller ikke, hvordan man styrer departementerne. De har tabt seks-syv måneder ude på landet, men de har ingen folk ude i marken. Landområderne er blevet et vitterligt politisk skel."

"Der er to slags Frankrig: Der er metropolerne, som er åbne over for verden og den globale økonomi, og så er der det landlige Frankrig med små og mellemstore byer uden for de økonomiske og kulturelle strømme, og de har en følelse af at være udsatte og at være meget langt væk. Hospitalerne lukker, posthusene og skolerne lukker også – det er en reel konflikt."

"Her kommer så bankmanden, den rige med den ældre hustru, der vil åbne alt – og det over for det traditionelle Frankrig, hvor folk ikke har det godt og føler sig langt fra alt. Macron skal tale til det ANDET Frankrig og skulle for længst have gjort det. Han er begyndt, han bevæger sig, og det gør partiet også og prøver lokalt at sige noget andet end, at "vi er den nye verden, og I er den gamle verden". De går væk fra den slags sprogbrug, de udvikler sig. Men er der nok tid?"

"Emmanuel Macron forbliver den, han er, uddannet på de store skoler, teknisk og filosofisk velbaseret, hvad der er godt for en præsident. Han kender alle dokumenter, men han mangler de folkevalgtes empati. De, der kender folk og vælgerne, de, der har været sammen med alle til festerne og i markerne, det har HAN aldrig været. Han vandt i tv-studierne, men han har et problem med terrænet – han er ikke jordnær. At være ude i marken med ler under skoene, med ægte rødder forbliver lidt kunstigt hos ham. Han taler om sin bedstemor og sin bedstefar, der var jernbanearbejder, men folk tror ikke rigtigt på det, det føles kunstigt."

"Emmanuel Macron har temperament. Han kender sin

egen værdi, som er helt reel, men det er for synligt. Han ved, at han er god, men han ved det også for meget. Han mangler ydmyghed, ja ydmyghed, selv om det kan være kunstigt. Mitterrand var ikke ydmyg, Chirac var ikke ydmyg, men de havde toner af ydmyghed, en slags politisk empati. Det har Macron stort set ikke. Han opsøger folk med det formål at overbevise og argumentere. Han vil til bunds i tingene. Men den, der vil overbevise, bliver lidt som en lærer, så han sætter folk eller medborgerne, som han selv ynder at sige, i en position som børn, der skal høre efter, hvad læreren siger. Macron skal passe på med den fejl, det kan nemt irritere folk at blive sat til at skulle høre på læreren. Man skal ikke barnliggøre franskmændene."

Emmanuel Macron deler vandene, og somme tider kommer støtten fra uventet side. I det folkelige kvarter ved den gamle café Le Zeyer i det 14. arrondissement blev tjeneren spurgt om Macron. Caféen har ligget der siden 1913, og den venlige mand så lidt blankslidt ud, som havde han været med siden da. *"Rien a bougé depuis 40 ans – maintenant ça bouge!"* – "Der er ikke sket noget i de sidste 40 år – nu sker der noget!" Han så gravalvorlig ud. Begge ved bordet var overbeviste om, at nu kom der en retirade mod den måde og den fart, hvormed den unge præsident busede frem – og spurgte så for en sikkerheds skyld igen. "Macron er det bedste, der er sket. Frankrig skal vækkes. Det er på tide." Overraskelsen ved bordet var så stor, at latteren var højlydt. Den smittede også af på tjeneren, der gik med lette skridt efter den succes.

Samme morgen på Brasserie Le Bourbon lige over for bagindgangen til Nationalforsamlingen havde stemningen også været lattermild, men af anden årsag. I de dybe lænestole sad mangen en forhåbningsfuld ung og såmænd også mangen en ældre politiker og forberedte dagens indsats. Dæmpede lyde, fortrolige samtaler, det var mødestedet for strategi og aftaler. Det var her, Boris Vallaud havde tid til morgenkaffe. 42-årige Vallaud repræsenterer socialisterne i Nationalforsamlingen. Han er en af de 30, der nu er tilbage af det store, gamle parti. Vallaud er valgt nede i Les Landes i det sydvestlige Frankrig, hvor Mitterrand yndede at holde til. Han arbejdede samtidig med Macron for Hollande i Elysée-palæet og var også fra samme ENA-årgang som Macron, *promotion Senghor*. Først i 2016 blev han medlem af socialistpartiet. "Det må have været 40 års-krisen," smiler han. – "Andre bliver skilt og får en ny kone. Jeg valgte at stille op til valget til Nationalforsamlingen."

Hvordan forklarer han, at partiet nu nærmest er atomiseret og ikke eksisterende?

"Ja, vort fald svarer til andre socialdemokratier rundt omkring i Europa. Vi blomstrede i 70'erne og 80'erne og var så overbeviste om, at sejren var hjemme, at vi ikke bemærkede liberalismens stille fremvækst. Vi så ikke for alvor de forandringer, globaliseringen medførte. Ideologisk stod vi kort sagt svagt. Internt i socialistpartiet var det alles kamp mod alle. Enhver sin personlige kamp og karriere. Præsidenten var svag. Når en socialistisk præsident foreslår en forfatningsændring om fratagelse af statsborgerskab, der ville dele franskmænd op i flere kategorier, så er vi langt ude. Vi er alle i partiet skyldige. Valget til Nationalforsamlingen viser det. Der var kun 30 fra selve partiet, der blev valgt ind. Kan vi komme igen, kan vi bygge på det gamle hus, er der overhovedet noget tilbage?"

Flere kommer hen for at give hånd og hilse på. "Det er nogle af overløberne," spøger Boris Vallaud, "før var det socialistpartiet, nu er det République en Marche."

Nej, han er ikke selv på Macron-holdet, det er for liberalt, for elitepræget og slet ikke socialt.

"Emmanuel Macron lytter kun til sig selv, ikke til andre. Han repræsenterer liberalismen, ikke lige frem med nye ideer. Handlingsplanerne har cirkuleret i finansministeriet i mange år. Han er pragmatiker, men også en forræder i forhold til sit udgangspunkt i socialistpartiet. Han fik det hele forærende, og så smuttede han. Vi forsvandt som parti, uden at vi selv havde lagt mærke til det. Systemet havde haft sin tid, helt som højrefløjen havde haft sin tid. Det benyttede Emmanuel Macron sig af. Jeg er overbevist om, at der er mange derude mellem det yderste venstre og så det liberale centrum, som kan samles om noget nyt. For se engang på liberalismen – med dyrkelsen af den totale individualisme og den konstante fremhævelse af, at alle har ansvar og skal leve op til ansvaret. De store formuer og de mange fattige er alle ansvarlige. Det er ikke langt fra at sige, de fattige fortjener at være fattige. De er skyldige i ikke at have levet op til eget ansvar. Jeg har intet imod eliten, jeg tilhører den sociologisk set selv, men når eliten slutter sig sammen for kun at dyrke egne interesser, så er det et problem, endda et meget alvorligt problem."

"Venstrefløjen eksisterer stadig, den findes derude. Mange sagde til mig under valgkampen, vi er trætte af jer, I er ude af stand til at enes og samles, så nu prøver vi noget nyt. De prøver så Macron, men de er stadig på venstrefløjen, det har ikke ændret sig. Det er ikke sikkert, fornyelsen skal komme fra det politiske, det kunne også være fra de intellektuelle. Ikke fra de sædvanlige fem filosoffer og holdet af kommentatorer, der konstant optræder med de samme fordømmende holdninger alle vegne – nej, nye folk med nye ideer. Det vil tage tid, men det vil komme. Det er, hvad jeg trøster mig med, og hvad jeg kæmper for. Vi står som samfund over for kæmpeforandringer. Vi skal tænke os godt om. Det handler i bund og grund om moral og etik – og ikke mindst solidaritet."

Endnu et morgenmøde – denne gang på det fashionable hotel Scribe med manden, der førte Republikanernes kandidat, François Fillons valgkampagne, indtil han smækkede med døren og forlod den egenrådige kandidat kort før selve valget. Fillon havde ikke oplyst ham om undersøgelsen om misbrug af statsmidler, førend det var for sent, og derefter heller ikke om sin beslutning om at forblive kandidat. Også hos Patrick Stefanini kan spores Mea Culpa over højrefløjens strategi og selvforståelse. Som socialistpartiet havde heller ikke Republikanerne forstået at forny sig.

"For nu at sige det helt enkelt: Kandidaten Fillon, valgt ved primærvalget, var kandidat for de ældre og de velstillede – det er ikke den typiske franske vælgerskare. Frankrig har forandret sig, der er sket et generationsskifte."

"Da Mitterrand kom til magten og venstrefløjen med ham i 1981, var der tale om et generationsskifte, en fornyelse. Det var 23 år efter De Gaulle – med andre ord en generation. Efter

Mitterrand kom Chirac med en ny politik, men ikke med en ny generation. Sarkozy fulgte Chirac, ikke med en meget anderledes politik og slet ikke med et generationsskifte. Samme generation i 37 år – det vil sige, at to generationer er sprunget over. Højrefløjen opdagede det ikke. Der var ikke mange unge, der stemte ved primærvalget, der var ikke mange unge med Fillon, de unge stemte massivt på Emmanuel Macron."

"Arbejdsløsheden er langt over det europæiske gennemsnit. Det skaber stor ulighed og social opløsning. Chirac talte om det i 1995 med *la fracture sociale*, det sociale brud, men egentlig har ikke meget ændret sig. De mange fattige, de hjemløse i gaderne, det er som vi har tabt retning. Økonomien er også degraderet. Der er stadig nogle store industrigrupper, der trækker opad, men der er også mange, der er flyttet til udlandet, og det gavner ikke det franske samfund. Selve det politiske liv har også ændret sig. Mediernes enorme interesse for små begivenheder har gjort sit. Højrefløjen har aldrig for alvor sat sig ned for at forstå og analysere sit nederlag i 2012. Sarkozy tabte, men han trak sig ikke definitivt. Den folkelige vælgerskare, Sarkozy havde skabt ved på én gang at være meget hård over for immigration og samtidig sige, "man skulle arbejde mere for at tjene mere" – den vælgerskare forsvandt også. Fra 2007-2012 skabte Sarkozy med krisen et stort underskud, arbejdsløsheden steg fra 7 % til 10 %, skatterne steg, og recessionen satte ind. En del af den folkelige vælgerskare var allerede røget i 2007 med den økonomiske krise, og den blev aldrig vundet igen."

"Macron er et produkt af alt det – en generation, som

ikke har fundet svar hverken til højre eller til venstre. Han skal dømmes på langt sigt. Han har gennemført, hvad højre-fløjen ikke har turdet gennemføre, for eksempel arbejdsloven. Der, hvor farezonerne ligger for ham, er vækst – uden nye jobs. Arbejdsløsheden SKAL ned. Landområderne føler sig forsømte og ikke ordentligt behandlede. De vil lade høre fra sig. Det store problem er derudover, at resultaterne først kan ses efter et par år. Han ved det!"

Republikanerne har nu fået en ny leder i Laurent Wauquiez. Wauquiez er en internt meget omstridt person, der går langt i sine udtalelser og heller ikke lægger fingrene imellem i sine angreb på Macron. Formålet er at vinde de folkelige vælgere tilbage. Wauquiez ved, at landområderne er et punkt, hvor præsidenten kan rammes. "Det, jeg bemærker hos Emmanuel Macron, det er, at han ingen sjæl har. Han har kun ét projekt: sig selv (…) Han er den mest parisiske præsident af alle, han er plaget af et had til provinsen."

Udtalelsen faldt lige før afstemningen, om hvem der skulle være leder af Republikanerne. Det blev Wauquiez, selv om hans stil blev voldsomt kritiseret. Det holdt ham ikke tilbage. Hans mål var at vinde vælgere og hermed magten.

Senator Fabienne Keller, tidligere borgmester i Strasbourg, havde været medlem af Republikanerne i 15 år. Hun var nu med til at oprette udbryderpartiet AGIR – la Droite Construc-tive – det konstruktive højre. Hun støttede oprindelig Alain Juppé, tog afstand fra François Fillon på grund af affærerne omkring Penelopegate og vendte sig nu mod Wauquiez og den højredrejning, hun mente, han repræsenterede. I februar 2018 meldte hun og senator Antoine Herth, begge senatorer fra Bas-Rhin, sig ud af Republikanerne og erklærede i et åbent brev til Wauquiez, at de ikke længere kunne være med, da han i stedet for at bekæmpe populismen, snarere så ud til at tage populismens ideer til sig. "Hvad er der tilbage af de europæiske, humanitære, liberale og sociale værdier, der altid har udgjort vores DNA?"

14 dage tidligere havde Fabienne Keller taget imod i sit kontor i Senatet.

"Wauquiez tordner konstant mod Europa og mod migranter. Det kan jeg kun tage afstand fra. Jeg bor i Strasbourg, min bevidsthed om grænsen, og hvor vigtigt det er at kunne arbejde sammen mellem landene, er derfor stor. Det er min hverdag. Denne pisken stemning op kan godt gå hen og give et eurofobisk parlament ved valget i maj 2019. Der er rigeligt af problemer allerede i Europa. Hvad vil Wauquiez? Partiet har nærmest været lammet, siden det totalt uventede præsidentvalg. Jeg spørger mig selv, hvorfor vi ikke kollektivt bad Fillon om at trække sig til fordel for en anden? Folk ville ikke have Fillon, rent moralsk var det forbi. Nu er der så med den ny leder Laurent Wauquiez alle disse uskønne udtalelser om den ene og den anden. Han repræsenterer ikke mig. Mine synspunkter ligger tæt op ad Macrons idéer. Ikke mindst omkring et stærkere Europa. Macron satser, han tør, han har mod og energi. Det er så nemt altid at give Europa skylden – Europa svarer ikke tilbage. I Strasbourg så vi ved det sidste regionalvalg Front National lokalt få 35 % af stemmerne. Jeg må sige, jeg var nervøs for Marine Le Pen kunne vinde præsidentvalget. Vi har meget at takke Macron for."

Macron havde fortsat travlt med at kæmpe mod nationalismen og populismen og det i ret så stærkt sprogbrug: *"La lèpre – qui monte en Europe* – spedalskheden, der er ved at brede sig i Europa – og det i lande, hvor man aldrig ville have kunnet forestillet sig, det igen ville ske (…) De siger de mest forfærdelige ting, og vi vænner os til det. De provokerer, og vi reagerer ikke engang. Ekstremerne vokser i lande, der var pro-europæiske som os, det er en skandale."

Reaktionerne lod ikke vente på sig. Marine Le Pen kaldte præsidentens udtalelser for uværdige.

"Han fornærmer titusindvis af millioner af vælgere i andre europæiske lande og deres ledere. Han, der siger, han vil skabe et nyt Europa, kommer med krigserklæringer mod lande i den europæiske union. Han har startet en krig."

Marine Le Pen var måske svækket – men hun var stadig på banen.

Marine Le Pen i ny forklædning

"Marine Le Pen er *terrific*, fantastisk. Hun er en af verdens bedste politiske ledere, især blandt populisterne, de nationale bevægelser, der nu er ved at vinde verden over."

Så bramfrit udtalte Steve Bannon, tidligere rådgiver og chefvalgstrateg for Donald Trump og leder af det ultrakonservative medie Breitbart News Network, sig i marts 2018 til den franske tv-kanal BFM TV. Bannon var på europæisk rundtur blandt ligesindede i lande, hvor højre-nationalismen vandt frem. Han var blevet inviteret til at tale i Lille, hvor Front National holdt kongres og kvitterede positivt i sin tale.

"Historien er på vores side. Lad dem bare kalde jer racister, fremmedfjendske og nationalister, tag det som et ærestegn. Vi bliver stærkere, og de bliver svagere. Vi vil vinde. I er del af en bevægelse, der er større end Frankrig, Italien og Ungarn. Den går verden over."

Klapsalverne var mange og lange. En del af de 1500 deltagere i kongressen medgav bagefter, de faktisk ikke kendte meget til Steve Bannon, men de havde da følt sig meget stimuleret af hans tale.

Bannon selv så ret stimuleret ud. Også han kunne have brug for lidt medvind. Ikke alene var han blevet fyret fra Det Hvide Hus, da det kom Trump for øre, at han havde udtalt sig nedsættende om Trumps datter og svigersøn i bogen 'Fire and Fury', skrevet af den Trump-kritiske journalist og forfatter Michael Wolff. Bannon blev også smidt ud fra Breitbart News Network, hvor han ellers som bestyrelsesformand, strateg og skribent havde kunnet boltre sig lystigt med gode og tætte forbindelser til alt-right bevægelsen, indeholdende tilhængere af White Supremacy og Ku Klux Klan samt neo-nazister. Kort sagt: Bannon var arbejdsløs – og søgte derfor nyt terræn.

Det lagde han heller ikke skjul på. Over for New York Times udlagde han strategien: Systemet er brudt i USA, nu er tiden kommet til Europa. "Alt, jeg vil, er at være infrastrukturen for den globale nationalistiske bevægelse." Bannon vil i Europa opbygge et netværk af populistiske, nationale poler og medier, der skal modarbejde det politiske establishment – magtstrukturen i de forskellige lande. "Det lykkedes i USA, det kan også lykkes her i Europa," lyder hans logik.

Bannon overvejer en populistisk tænketank, der kan bevæbne de forskellige nationalistiske poler med sociale og økonomiske udsagn. Fra Breitbart News kender Bannon strategien med populistiske hjemmesider, der fodres med strategiske nyheder rettet mod migration, og som skriver om mangel på sikkerhed og andre emner, man har erfaring for vil fange opmærksomheden og sætte gang i diskussionen på de sociale medier. Helt i stil med Breitbart News-succesen skal en hær af fodfolk uddannes til at vide, hvornår de skal sætte ind, og hvordan tonen skal være. Teknisk set behøver der ikke være folk bag – automatiserede *bots*, web-robotter, er meget hurtigere end mennesker. *Bots* tager ikke stilling til indhold – ej heller *Fake News.* "*Bots* skaber entusiasme – og det koster stort set ikke noget!" understreger Bannon.

Det blev bemærket, at Bannon havde fundet vej til Front National i Lille. Ikke fordi Marine Le Pen tilbragte megen tid sammen med manden, hun ikke havde mødt før den lørdag eftermiddag på kongressen i Lille, men fordi han overhovedet var der. "Manden, der sejrede og fik anbragt Donald Trump i Det Hvide Hus", som det blev gentaget mange gange den dag. At Bannon i mellemtiden var blevet *persona non grata* i det officielle USA, forsvandt i klapsalverne over hans kommende historiske rolle, og hvordan han var gået fra sejr til sejr.

Hvad ville Marine Le Pen selv opnå med Bannon som trækplaster og gæstetaler? Hun solede sig som Bannon i frem-gangen for de højre-nationalistiske partier i Italien, Tyskland, Østrig, Ungarn, Polen, Holland – og naturligvis også i Frank-rig, selv om hun selv ved præsidentvalget i 2017 havde løbet panden mod en mur. Hun så frem til samarbejdet grupperne imellem i Europa-Parlamentet, men hjemme i Frankrig kunne man ikke sige, som Bannon ellers spåede, at nationalisterne ville gå fra sejr til sejr. 73 % af franskmændene mente, ifølge en meningsmåling i marts 2018, at Le Pen ikke ville blive en god præsident. Kun 16 % mente, at hun ville blive en god præsident. 56 % mente, at hun var en direkte trussel mod demokratiet.

Siden Marine Le Pen i 2011 havde fået det topstyrede parti "foræret" af sin far, stifteren Jean-Marie Le Pen, havde hun forsøgt at afdæmonisere partiet og gøre det til et socialt og beskyttende parti for den lille mand, langt fra farens bombastiske udsagn af racistisk og antisemitisk karakter, turneret omkring Anden Verdenskrig, gaskamrene og den hedengangne franske kolonimagt i Algeriet. Farmand fortsatte sin linje, tog sine retssager, provokerede. Hans taktik havde altid været, at partiet var et protestparti, så man skulle høre fra og om det. Datteren fik dog til sidst faren ekskluderet fra partiet. Hendes partilinje skulle være stueren.

Men farmand var ikke sådan at slå ud. 89-årige Jean Marie Le Pen var den første til at reagere på nyheden om, at selveste Steve Bannon skulle med til den partikongres, han selv havde valgt ikke at deltage i. Jean-Marie Le Pen havde nemlig rettens ord for, at han stadig var ærespræsident i Front National og derfor havde ret til at deltage. Han var ikke længere medlem, men titlen ærespræsident kunne partiet og dermed datteren ikke tage fra ham. "Ha, ha," udbrød den aldrende patriark med en kæmpelatter, "Skal det kaldes at afdæmonisere at lade Bannon optræde? Marine ender ovre hos mig og med mine synspunkter. Ikke fordi jeg ikke er enig med Bannon, men en udlænding skal da ikke optræde på en national kongres."

Jean-Marie Le Pen var ikke den eneste, der spurgte sig selv om, hvorfor den ultrakonservative Bannon var trumfkort på den kongres, som Marine Le Pen havde indkaldt til allerede i september, og som hun siden da omtalte som en ny start, en kulturrevolution – et helt nyt parti skulle som fugl Fønix opstå af asken af det gamle med nyt navn og nye mål.

Jean-Marie Le Pen selv var blevet marginaliseret med sine radikale synspunkter. Han kunne dog glæde sig over at have barnebarnet Marion Maréchal Le Pen tættere ved sin side end datteren Marine. Marion ville kunne sørge for, at familiedynastiet og navnet Le Pen ikke ville blive glemt. Den kun 28-årige succesfulde kvinde – og det ene af Front Nationals dengang to medlemmer i Nationalforsamlingen – besluttede imidlertid efter Marine Le Pens nederlag ved præsidentvalget i maj 2017 helt at trække sig fra politik. Nu gjaldt det familielivet.

En efter valget svækket Marine Le Pen stod hermed alene tilbage. Far var smidt ud, Marion forsvandt, og Marine Le Pens højre hånd og strateg Florian Philippot blev tvunget ud af partiet. Manden, der havde stået bag den strategiske afdæmonisering af Front National – hjernen bag, som det blev hvisket i krogene – måtte nu gå. Marine Le Pen kunne kun begynde forfra. Der var derfor lagt op til den store fornyelse – uden rivaler.

En måned før kongressen dukkede Marion Maréchal Le Pen imidlertid helt uventet op i USA nær Washington til The Conservative Political Action Conference (CPAC) – de meget konservatives årlige møde – for på et udmærket engelsk at erklære, at hun gik ind for *America First*, som hun gik ind for *France First* – og Frankrig for franskmændene. "Vi har eksisteret i 1500 år, vi er ikke længere frie. Vi må kæmpe for vor uafhængighed". Den Europæiske Union var, ifølge hende, skyld i alt dette. "EU er en ideologi uden land, uden folk, uden rødder, uden kultur." For at være helt sikker på at blive forstået fortsatte Marion Maréchal Le Pen: "Fra at være den katolske kirkes ældste datter, er Frankrig nu ved at blive islams lille niece." Helt i morfar Jean-Marie Le Pens stil: De fremmede invaderer fædrelandet og tager det fra franskmændene. Det lød ikke helt, som om Marion Maréchal Le Pen havde trukket sig permanent tilbage fra politik. Hun blev meget vel modtaget. Nigel Farage, tidligere leder af UKIP, var også med på konferencen. Dagen efter var det selveste Præsident Donald Trump, der tog ordet.

Steve Bannon var også at finde på CPAC-konferencen, og her mødte han Marion. Hun gjorde et stort indtryk på ham. "Marion Maréchal Le Pen er ikke kun en kommende stjerne på højrefløjen i Frankrig. Hun er en af de mest imponerende personer i verden." Ordene faldt på pressekonferencen et par uger senere under Front National-kongressen i Lille, hvor både Bannon og Marine Le Pen deltog. Heldigvis for Marine benytter hun sig af tolk for at forstå engelsk, så der var undt hende lidt reaktionstid til at finde det professionelle smil og svar. Steve Bannon er stadig en mand med stor indflydelse og en imponerende adressebog. Man ved aldrig, om man en dag kunne få brug for ham.

Et par dage senere må det være gået op for Bannon, at det ikke kun er familieidyl mellem Marion og Marine. Klanen kitter dem ubrydeligt sammen, men det hindrer ikke individuelle ambitioner, kampe og meningsforskelle. Så da Bannon et par dage senere gav et interview til det meget højredrejede magasin Valeurs Actuelles, huskede han omhyggeligt at nævne partilederen: "Marine Le Pen har gjort et stort indtryk på mig (…) Hun lader sig ikke rokke, hun står fast. Hun koncentrerer sig helt og fuldt om sin mission". Bannon tilføjede, at han var overbevist om, at Marine Le Pen kunne vinde det franske præsidentvalg i 2022.

Det var da også netop det valg, der var målet, da Marine Le Pen gik på talerstolen den søndag i marts 2018. Hun var netop blevet valgt som partiets præsident. Ingen stillede op over for hende. 100 ud af 400 kandidater var blevet valgt til nationalrådet, der tidligere hed centralkomitéen. Præsidenten har sit eget politbureau omkring sig på 20 personer – det hedder fremover nationalbureauet. Langt de fleste ansigter var genkendelige, det var ikke her, der var den meget omtalte fornyelse at finde. Ej heller i nationalrådet, hvor langt de fleste allerede var engageret i politik for Front National. Om det så var Marine Le Pens personlige livvagt, Thierry Légier, var han den samme. Fra 1992 havde han været Jean-Marie Le Pens livvagt, og fra 2011 var han Marines. Han kendte med andre ord forholdene til bunds.

"Vi skal kende målet, vejen og midlerne. Vores mål er klart, det er at vinde magten. Vi kender vejen frem – der ligger valg forude. Midlet er nationalt at samle alle, der passioneret elsker Frankrig, Frankrigs historie og vil Frankrigs fremtid," fastslog Marine Le Pen.

Hun mener, at to farer lurer: globaliseringen og islamismen. Marine Le Pen tyede til Det Gamle Testamente for at forklare sig – til historien om Kain og Abel. I Marines version er Kain den fornuftige bonde, der bliver på sin jord og arbejder, mens Abel er nomaden, der konstant søger nye eventyr og flygter fra ansvaret og det daglige arbejde. Abel går og går. Han er *en marche*, helt som et vist parti – kommende fra ingenting, på vej mod ingenting. Helt som migranter, kommende fra ingenting blot for at tage, hvor de kommer frem uden selv at have ydet en indsats. Som folk i skattely, der tager for sig i fædrelandet, men ikke vil betale og derfor fortsætter med at bevæge sig. Alle er de marcherende nomader. Globalisering og islamisme går samme vej, de vil dominere verden. "Der er tale om to ideologier: For den ene part – alt er handel. For den anden part – alt er religion."

Svaret på alt dette er ifølge Le Pen: "Vær national". De eneste spørgsmål, man skal stille sig, er: "Er det godt for Frankrig?" og "er det godt for franskmændene?" Frankrig, sikkerhed, immigrationen – ifølge Le Pen har både den illegale og den legale overskredet den tålelige grænse og skal stoppes og sendes ud af landet. Europa må på sigt forlades for at sætte fædrelandet frit – emner, der var ret genkendelige fra de mange år med faren ved roret. Den lovede fornyelse var ikke at finde her, men den fik salen til at bryde ud i sang med sloganet *"On est chez nous!"* – "Det er os, der har hjemme her!" Partiet fik et nyt navn, som de 51.000 medlemmer derefter skulle tage stilling til: Rassemblement National (National Samling). Uheldigvis var navnet allerede taget af andre langt ude på højrefløjen, så der venter et retsopgør forude.

Det var ikke helt let at lægge afstand til fortiden og fader Jean-Marie Le Pens Front National. Den 89-årige erklærede grinende, at han da overvejede at lægge ind på navnet Front National – det kunne han sikkert få brug for politisk. Kongressen sløjfede totalt funktionen ærespræsident – og hermed var ethvert bånd til Jean-Marie Le Pen så kappet. Den fiffige patriark smilede stort og erklærede, at titlen kunne man ikke tage fra ham, selv om man tog selve funktionen og slettede den. Til gengæld kunne datteren så aldrig selv blive ærespræsident, konstaterede han med et kæmpe smil.

Jean-Marie Le Pen havde netop udgivet første bind af sine erindringer, og folk stod i lange køer for at købe bogen og få en signatur. I bogen kunne man så igen få at vide, at Jean-Marie Le Pen aldrig havde tortureret i Algeriet, og at det var godt, Maréchal Pétain kom til magten og førte samarbejdspolitik under den tyske besættelse af Frankrig – franskmændene slap hermed for det værste under Anden Verdenskrig. Pétain blev dømt til døden i 1945, men general De Gaulle ændrede dommen til livsvarigt fængsel. Pétain døde i 1951 i fangenskab på øen Yeu, hvor han også ligger begravet.

Le Pen var ikke imponeret af Charles de Gaulle. "Han er grim! En helt skal være smuk." Ordene *"un héros doit être beau"* faldt efter at have set manden i levende live. Generalen får i Le Pens memoirer denne beskrivelse af sin person med på vejen: "En hyklerisk stor mand, hvis skæbne det blev at hjælpe Frankrig til at blive et lille land." En reference til, at De Gaulle forstod, at den franske koloni Algeriet måtte afstås efter en blodig krig fra 1956-1962. En begivenhed, som Le Pen senere skulle bruge/misbruge intenst i sit politiske virke.

Første bind af memoirerne slutter i 1972, lige før Front National blev skabt samme år. Andet bind var planlagt til slutningen af 2018. Patriarken byggede på fortiden, men spørgsmålet er, om ikke partiet under Marine Le Pen gjorde det samme. Trods alle udsagn om afdæmonisering og midtersøgning tyder noget på, at ikke alle havde bevæget sig væk fra det fundamentale i partiet.

Næstformanden for Front Nationals ungdomsorganisation gik på bar i Lille under kongressen, hvor han så sig sur på en ung mand, der arbejdede i baren og udbrød: *"Sale nègre de merde"*, beskidte negerlort. Uheldigvis for Davy Rodriquez blev seancen filmet og røg ud på de sociale medier. Rodriquez nægtede at have sagt noget i den retning. Dagen efter måtte den unge mand, der også var assistent for Sébastien Chenu, et af Front Nationals nu otte medlemmer i Nationalforsamlingen, trække sig fra partiet og undskylde, men han ønskede samtidig at sige, at han ikke kunne huske de ord, videoen viste. Han var overbevist om, at den var blevet "bearbejdet".

Et par dage efter kunne magasinet Nouvel Observateur fortælle om jargonen i den selvsamme ungdomsorganisation. Twitter afslørede ret så robuste udtalelser om racisme, homofobi – og mangel på entusiasme i partiledelsen. De var ikke hårde og kontante nok. Marine Le Pen var træt og brugt. Også de undskyldte – det var bare for sjov.

Marine Le Pen optrådte på kongressen i vant kampklar stil med slogans, der fik salen til at juble. Nedturen fra præsidentvalget var her væk. Fjenden var udpeget, personificeret ved først og fremmest Emmanuel Macron, dernæst regeringen, EU, globaliseringen og immigrationen.

Nyt var det dog, at Marine Le Pen forudså nødvendigheden

af alliancer og samarbejde ud over eget parti for at kunne komme til magten. Glemt var tilsyneladende det gamle slogan *"ni droite … ni gauche"*, hverken højre eller venstre. Ugen efter opfordrede Marine for første gang, siden hun kom til magten i 2011, vælgerne til at stemme på LR, les Républicains, ved et delvalg til nationalforsamlingen i franske Mayotte. Formålet var at stemme mod Macron-partiet La République en Marche. Selv havde Front National ingen kandidater opstillet. Marine Le Pen valgte her – og det endda i første af to valgrunder – at støtte højre, nu ledet af Laurent Wauquiez. Der skulle ikke gå mange timer, før han og partiet betakkede sig for ethvert samarbejde med Marine Le Pen. Rent vælgermæssigt ville det også have været en katastrofe for det efter præsidentvalget i forvejen splittede og minimerede parti.

Til gengæld interesserede de 11 millioner vælgere, der stemte på Marine Le Pen i anden valgrunde af præsidentvalget, partileder Wauquiez ret meget. Han strammede da også vældigt op i retorikken omkring sikkerhed og migration. Så meget, at der internt i partiet blev gjort opmærksom på, at han lød som Marine Le Pen. Da resultatet endelig forelå fra delvalget til Nationalforsamlingen i Mayotte, var det Macrons parti, der vandt over les Républicains. Man kan dog sige, at Marine Le Pen havde gjort, hvad hun kunne for at forhindre det. Andre grupperinger var naturligvis også liebhavere til de 11 millioner vælgere, af hvilke en del måtte formodes at være frit svævende efter nederlaget ved præsidentvalget.

Florian Philippot spildte ikke tiden. Mens Marine Le Pen gik i flyverskjul efter valgnederlaget, gjorde hendes tidligere chefstrateg – som også var partiets tidligere næstformand – sig klar med sit eget parti. Det fik navnet Les Patriotes (Patrioterne). Her ville han dyrke den politik, som gjorde ham upopulær i en del af Front National, og det selv om Marine Le Pen faktisk havde været enig i denne politik. Hun havde været enig i, at vejen frem var FREXIT – Frankrig ud af EU og ud af eurozonen. Frankrig skulle have francen tilbage og hermed sin suverænitet.

Under valgkampagnen var Marine Le Pen blevet usikker. Hendes vælgere var heller ikke så sikre på, at det var en god idé. Marine Le Pen rodede i den grad rundt i begreberne, da hun under præsidentvalgkampen sad i den sidste debat over for den anden kandidat Emmanuel Macron, at hun ikke var i stand til at fremlægge sit eget program klart.

Det var ikke nemt over for tidligere økonomiminister Emmanuel Macron at fastholde, at det intet økonomisk problem var at melde sig ud af eurozonen, få francen tilbage og hermed genetablere egen frihed og selvbestemmelse. Vælgerne var forvirrede. På kongressen i marts 2018 talte Marine da heller ikke længere om euroen, og Frexit var blevet til nye forhandlinger på lang sigt og hen ad vejen.

Florian Philippot tog ikke mange mennesker med sig fra Front National, kun omkring 30 fulgte med ham. Blandt dem Bertrand Dutheil de la Rochère, som havde været talsmand for Marine Le Pen under præsidentvalget i 2012.

Som hans navn afslører, er Dutheil de la Rochère ud af en gammel adelsslægt fra 1300-tallet. Han er højtuddannet og tidligere underviser i statskundskab på Sciences Po. Måske var det derfor, han foreslog, at vi mødtes i nærheden af læreanstalten på en lille café, der var fuld af de nuværende studenter. En venlig herre i slidt vindjakke, der gemte sine referencer i lange indlæg, gerne af historisk karakter fra Romerriget til det tyske kejserrige for at ende ved Frankrigs nødvendige suverænitet og hermed frigørelse fra Europa. Jean-Marie Le Pen var mester i et sådant historisk dække og røgslør, datteren gik ofte samme vej med historiens vingesus som for at fastslå egen intellektuel status. Det skete for eksempel, når hun brugte historien om Kain og Abel – uden at nævne, at Kain slog Abel ihjel og af Gud blev forvist fra sin jord.

Dutheil de la Rochère var i 20 år medlem af kommunistpartiet. Derefter var han tæt på suverænisten Jean-Pierre Chevènement, hvilket han selv fremhævede, inden han måtte medgive, at han fra 2011 havde været meget aktiv hos Marine Le Pen og altså decideret talsmand for præsidentkandidaten Marine le Pen i 2012. Adelsmanden havde med andre ord taget turen fra det yderste venstre til det yderste højre. Kodeord: Frankrigs fulde suverænitet.

”Nu har Marine Le Pen ændret holdning, jeg ved snart ikke, hvad hun mener, men for mig gælder Frexit. Frankrig skal ud af EU-fælden for at kunne få sin fulde handlefrihed. Derefter kan der laves aftaler med lande i Europa og andre steder i verden, men fuld suverænitet kan kun opnås ved at melde sig ud af EU og euroen.”

”Vi er ikke ens, der ER kulturforskelle, vi tænker anderledes og ikke som folk i de nordiske lande og i Tyskland. Vi er *latins*, men i dag er det Tyskland, der bestemmer og sætter rammerne, og det går ikke."

"Vi skal have vor egen økonomi tilbage, som er tilpasset vor virkelighed og vore realiteter og ikke den tyske. Derfor er francen – vor egen nationale mønt – så nødvendig. Staten skal spille en stor rolle. Derfor skal der nationaliseres, så staten har hånd i hanke med for eksempel gas og elektricitet – som De Gaulle gjorde, da han kom til. Der skal være langt flere folkeafstemninger – lidt som i Schweiz. Folket skal kunne ses og høres. Vi vil ikke lukke Frankrig inde – tværtom – Frankrig skal udfolde alle sine talenter. Frankrig skal finde sin rette plads i verdenen – på egne betingelser."

Hvorfor blev De ikke hos Marine Le Pen og forsøgte at overbevise hende om den linje, hun tidligere havde fulgt sammen med Florian Philippot, og som De her fremlægger? Marine Le Pen har det store maskineri landet over, nu står De meget alene.

"Marine Le Pen var fuldt ud klar over, hvilken katastrofe debatten i anden valgrunde var. Hun lyttede til de forkerte, som sagde "angrib manden, bliv ved og ved, til han bliver frådende af raseri og mister besindelsen". Derefter kastede hun sig direkte ud i valget til Nationalforsamlingen, hvor man for alvor kunne se, at partiet gik tilbage. Hun var udmattet og havde personlige problemer. Florian Philippot blev simpelt hen presset ud."

For at den sidste sætning ikke skulle blive hængende i luften, fortsatte adelsmanden ud af den gamle katolske militærfamilie skyndsomst med sin formulering af, hvorfor højre og venstre ikke længere eksisterer. "Ideen om højre og venstre opstod i Frankrig i 1789 med den franske revolution og bredte sig derefter verden over. De, der var for kongens magt og veto-ret, stillede sig til højre i forsamlingen, mens de, der kun så kongen som et symbol, stillede sig til venstre. Da arbejderne så kom til magten, stod de konservative til venstre! Forstår De, vi tænker højre-venstre, men det er en illusion. Den opdeling eksisterer ikke, det er i dag håbløst gammeldags."

Dutheil de la Rochère lo højt og afventede ikke en reaktion, men fortsatte direkte til et andet for ham åbenbart meget vigtigt punkt i den franske historie.

"Islams tilstedeværelse er et problem. Islam har været Frankrigs næststørste religion, meget længere end man skulle tro. Stat og kirke blev adskilt i 1905, også i de gamle kolonier, der var franske departementer. Islam fik derfor officiel status i 1907 – godt nok kun for ti år, men i 1917 lod man være med at ændre noget og heller ikke i 1962, da Algeriet blev frit. Den dag i dag er der derfor lokaltilskud til moskeerne i Frankrig. Man køber sig simpelt hen til lokal fred. Det, mener jeg, må ændres, ligesom jeg mener, at fremmede magters tilskud til moskeer i Frankrig må ophøre. Det hører ingen steder hjemme. Religion er en privat sag og kan dyrkes frit, men ikke i det offentlige rum, kun i det private."

Dutheil de la Rochère satte talestrømmen endnu en tak i vejret. Ikke uventet handlede det nu om den franske identitet.

"At være fransk er at have et fransk pas. Det skal man gøre sig fortjent til. Derfor går jeg fuldt ud ind for, at hvis man begår en forbrydelse, en kriminel handling eller terrorisme, så skal man ikke kunne gemme sig bag en dobbeltnationalitet. Man mister den franske, selv om man er født i Frankrig. Man skal ud af landet. Man kan ikke på en gang bede om Frankrigs beskyttelse og så spytte på Frankrig eller placere bomber rundt omkring."

Dobbeltnationalitet kan eksempelvis opstå, fordi folk fra Marokko ikke kan frasige sig deres marokkanske statsborgerskab, selv når de er født, opvokset, lever i Frankrig og har fransk statsborgerskab. Frankrig beder dem heller ikke om det. De forbliver marokkanere – og franskmænd. Dette gælder for hele Maghreb (Nordafrika) og har historiske rødder i kolonitiden. Er man født i Frankrig, kan man ikke dømmes til at være statsløs. Det gælder også for folk med dobbeltnationalitet. Alle født i Frankrig skal med andre ord være lige for loven. Så vidt Forfatningen. Det er dog muligt at gå rettens vej, og i særlige graverende tilfælde – så som terrorisme og aktivitet mod statens sikkerhed – kan man ifølge artikel 25 i Code Civil fratages sit statsborgerskab. Sådan har det været siden 1848. Fra 2005-15 blev artiklen dog kun anvendt 10 gange.

Efter de frygtelige attentater i 2015 lagde François Hollande op til en forfatningsændring, anført af premierminister Manuel Valls. Det lykkedes ikke. Selv ikke midt i frygten for terror, mens landet fortsat var i undtagelsestilstand, kunne en ændring gennemføres, der ville gøre folk født i Frankrig men med dobbelt statsborgerskab til ikke længere at være franske på lige fod med andre franskmænd. Diskussionerne blev ved og ved, og Hollande endte med at trække forslaget tilbage.

En stille torsdag formiddag i marts 2018 i den lille by Trèbes i nærheden af byen Carcassonne i det sydfranske departement Aude vendte terrorismen tilbage i al sin gru. En 25-årig mand dræbte fire, sårede 15 og holdt et kvindeligt gidsel i Super U, det lokale supermarked. Arnaud Beltrame, en tilkaldt oberstløjtnant, lod sig udveksle med gidslet. Han skulle omkomme af knivstik i halsen. Oberstløjtnanten gav sit eget liv for at frelse kvinden. Den 25-årige gidseltager, Redouane Lakdim, som var af marokkansk oprindelse, nåede at meddele, at han var soldat for Islamisk Stat, inden han blev skudt. Frankrig hyldede efterfølgende oberstløjtnanten, som ikke tøvede med at give sit eget liv.

Inden den officielle begravelse, hvormed Frankrig ville hædre Arnaud Beltrame, gik Marine Le Pen til frontalangreb. Alle fremmede på S-lister, de såkaldte overvågningslister, skulle smides ud af landet. Listerne indeholder alt fra mulig radikalisering til småforbrydelser. Ud af cirka 26.000 på diverse lister er der cirka 10.000 af første kategori, men i en retsstat er det vanskeligt at anklage og dømme folk for en forbrydelse, de endnu ikke har begået. Dertil kom så spørgsmålet om at fratage bi-nationale, født i Frankrig, deres franske statsborgerskab. Diskussionen kunne begynde forfra.

Republikanernes leder Laurent Wauquiez, der ikke ønskede nogen form for samarbejde med Marine Le Pen, lå dog helt på linje med lederen af Front National. Wauquiez ønskede alle på S-listerne for mulig radikalisering i Aude-departementet internerede, og var de fremmede, så skulle de udvises. Sådanne tiltag var i 2015 blevet afvist af Statsrådet, hvilket han ikke kunne være uvidende om.

Wauquiez kaldte præsident Macron for en skyldig, naiv

person og krævede undtagelsestilstanden genindført. Den var blevet ophævet i november 2017. Til gengæld var der indført nye forfatningsændringer, der gav vide beføjelser – faktisk så store, at de nye bestemmelser var blevet kritiseret af menneskerettighedsorganisationer inden vedtagelsen.

For de to oppositionspolitikere var der tydeligt nok tale om politisk spilfægtning på stedet. Præsident Macron bevarede værdigheden ved at lade dem baske uden kommentarer. Han havde naturligvis for længst givet udtryk for sin sorg og sin beundring for den nu nationale helt Arnaud Beltrame, der frivilligt gav sit liv for at redde det kvindelige gidsel.

Heller ikke Florian Philippot holdt sig tilbage i angrebene mod præsidenten og regeringen. Sikkerhed og terrorisme vil altid tiltrække opmærksomheden, ikke mindst lige efter et attentat, hvor frygt og følelser fortsat er uden på tøjet. Bag sig havde Florian Philippot lagt en prominent rolle som Front Nationals talerør, altid først på pletten, altid hurtig i replikken, altid villig til at gå meget langt. Ville nogen nu lytte til mini-partiet Les Patriotes – med mindre de fremturede mod Marine Le Pen og Front National? Der blev hurtigt stille omkring Philippot.

Hans nye miniparti skulle også finde sin egen økonomi, hvilket i sig selv i længden nok kunne blive ret vanskeligt. Et problem, der også var tydeligt fremherskende hos Marine Le Pen. Også her delte de fortsat udgangspunkt. Marine måtte låne 6 millioner euro af sin far og hans politiske miniselskab Cotelec til at finansiere valgkampagnen til præsidentvalget i 2017. Hvordan det hang sammen med de mange kontroverser og brud med faren, melder historien ikke noget om. Alt for magten og for partiet!

Marine Le Pen havde derudover en sag på efterhånden 7 millioner euro i tilbagebetaling til Europa-Parlamentet grundet formodet mistanke om assistenter, der aflønnet af EU i virkeligheden arbejdede for partiet hjemme i Frankrig. En af assistenterne var livvagten Thierry Légier, der jo af gode grunde ikke kun arbejdede i EU-regi, men konstant var ved Marine Le Pens side. Foreløbig havde Marine Le Pen håndteret affæren ved simpelt hen at blive væk, når undersøgelsesdommerne satte hende stævne. Det hjalp dog ikke på økonomien.

Marine Le Pen benyttede sig da også af den rolle, faren så ofte havde indtaget – offerrollen. Det handlede om politisk forfølgelse, lod hun forstå. Dommerstanden var ikke uafhængig. Den gav ikke oppositionen nogen chance. Den var lakaj for den siddende regering og præsident, det værende sig i princippet enhver regering og præsident – fra Chirac til Sarkozy, fra Hollande til Macron.

Da Les Républicains, partiet Marine Le Pen nu gerne så en fremtidig alliance med, i marts 2018 måtte se deres tidligere leder, ekspræsident Nicolas Sarkozy, blive sigtet for en ulovlig valgstøtte på 50 millioner euro i 2007 fra Libyens tidligere diktator Moammar Gaddafi, var Marine Le Pen såmænd den første til at angribe dommerne for politisk forfølgelse og for at være forudindtagede.

Det skal dog siges til tidligere præsident Nicolas Sarkozys forsvar, at han modsat Marine Le Pen mødte op hos undersøgelsesdommerne og udtalte sig. Det gjorde Marine Le

Pen ikke, og den eneste gang hun endelig valgte at gøre det, påberåbte hun sig retten til ikke at udtale sig. Fremtrædende medlemmer af Republikanerne nøjedes med at understrege, at de havde tillid til Nicolas Sarkozy – og at sagen måtte gå rettens gang.

Dommerstanden var således under angreb, og det samme var pressen. Her var der anderledes samhørighed mellem Front National, Les Républicains og såmænd også den yderste venstrefløj, repræsenteret ved La France Insoumise med lederen Jean-Luc Mélenchon. Mélenchon er kendt for sin oratoriske begavelse og opfandt i sin foragt for pressens udfoldelser begrebet *le Parti médiatique*, mediepartiet, som forfølger folk, manipulerer og gør alt for at få omtale. Mélenchon var fornærmet over omtale af sin egen valgkampøkonomi, Marine Le Pen ditto og en hel del mere til, og Wauquiez på vegne af Sarkozy og i det hele taget omtale af parti, økonomi og egen person. Alle var enige om at være forfulgte – de var ofre for mediepartiet – og de var også enige om, at medierne lod Emmanuel Macron gå fri – ham holdt de hånden over.

Helt klart en holdning, som hverken præsidenten eller pressen kunne være enige i. Macron havde da også været udsat for sin del af kritik og *fake news* og ikke kun i pressen – såmænd også serveret af Marine Le Pen i den berømte debat i anden valgrunde af præsidentvalget i 2017. Den uvante hårde tone fra valgkampen syntes ikke at fortage sig. Det gavnede ikke vælgerne – og derfor heller ikke politikerne.

Langt blidere toner opstod i familien Le Pen, da Jean-Marie Le Pen kunne fejre sine 90 år i juni 2018. Alle tre døtre mødte op hos farmand. Marine, Yann og Marie-Caroline. Sidstnævnte Marie-Caroline havde han da ikke villet se i 20 år, efter hun i partiet gik mod hans politik. Hun havde ellers været udset til at overtage partiet. Det gjorde Marine så i stedet og havde nu endelig fået det omdøbt til Rassemblement National. Fars Front National var hermed i princippet hedengangen. Den tredje datter Yann er mor til Marion Maréchal Le Pen, der senest har fralagt sig navnet Le Pen – og fremover kun vil tituleres Marion Maréchal. Marion har startet et nyt "civilt" liv og leder en nyoprettet privatskole i Lyon – Institut des Sciences Sociales Economiques et Politiques (ISSEP). Marion Maréchal kalder instituttet for et alternativ til de franske eliteuddannelser med et værdisæt med rødder i den kulturelle identitet. Underviserne kommer fra det yderste højre. Et diplom fra den private skole er indtil videre ikke anerkendt af den franske stat.

Marion Maréchal har proforma lagt politik bag sig. Hun er dog aktiv i Italien for at søge støtte til det nye institut og skabe kontakt til italienske universiteter, forlyder det. Idémæssigt føler hun sig på linje med Italiens indenrigsminister Matteo Salvini fra Ligaen og deltager i konferencer med Ligaen. Marine Le Pen selv modtog den nye italienske regering med ordene: "Sammen vil vi befri Europa fra den Europæiske Union, Ligaen er et broderparti." Også Marine Le Pen har planer om at besøge Italien.

Marine Le Pens Europaskepsis gik i zenit i juli 2018, da to franske dommere besluttede at tilbageholde partistøtte til Rassemblement National på to millioner euro, som normalt ville være blevet udbetalt i juli. Årsagen var Europa-Parlamentets retssager mod Marine Le Pen og partimedlemmer. Hun og partiet nægtede sig skyldige i at have aflønnet medarbejdere med EU-penge, som i virkeligheden ikke arbejdede for EU, men hjemme i Frankrig. "Det er et statskup, en politisk skandale, det bliver partiets undergang, vores død, kan det kaldes demokrati?" udtalte Marine Le Pen. Hun gik på tv og startede en indsamling. I alt er 10 medlemmer under anklage, herunder Marine Le Pen selv.

Senere i juli fulgte en beslutning fra Europa-Parlamentet om også at indefryse udbetaling til Rassemblement National helt af samme årsag. Det økonomiske net strammede omkring Marine Le Pens manøvremuligheder.

Marine Le Pen ønskede fortsat at befri Europa – og især Frankrig – fra den europæiske union. Hun havde en kendt meningsfælle, som endda i et interview med den amerikanske netavis The Daily Beast sidst i juli sagde, at han var blevet inspireret til nu at oprette kontor i Bruxelles for at samle de populistiske, nationale stemmer i Europa med ét formål: At få så mange som muligt valgt ind i Europa-Parlamentet ved valget i maj 2019. Manden var naturligvis Steve Bannon, der nu havde besluttet stedet for sit virke – efter i månedsvis at have cirkuleret rundt mellem meningsfæller i Italien, Ungarn, Polen, Holland, Frankrig, og hvor de ellers fandtes – og det samtidig med, at han var aktiv i USA før midtvejsvalget i november 2018. Også der skulle de populistiske, nationale bevægelser hjælpes frem.

I forbindelse med præsident Donald Trumps besøg i

Europa, herunder London, havde Steve Bannon på Londons kendte hotel Mayfair opslået et kontor, hvor man kunne se mange populistiske, kendte besøgende – fra Brexit-kaptajn Nigel Farage fra Ukip, Ken Ekeroth fra Sverigedemokraterne til repræsentanter fra henholdsvis Rassemblement National, Vlaams blok, Vlaams Belang – for blot at nævne nogle få.

Steve Bannons organisation hed nu The Movement. Målet i Europa var at sætte sig på mindst en tredjedel af pladserne i Europa-Parlamentet. Marine Le Pen og Nigal Farage kunne organisere den kommende "supergruppe" i parlamentet. Steve Bannon var sikker på, at sejren var hjemme – det hørte med til varedeklarationen: "Valget i maj er meget vigtigt. Det er første gang, populisme og Davos-partiet står direkte over for hinanden – ansigt til ansigt. For Europa bliver det et meget vigtigt øjeblik."

"I am about winning, I am about power. I want to win and then I'll effectuate change." Steve Bannons idé om magt og ændringer formulerede han således: "Right-wing populist nationalism is what will happen. That's what will govern. You are going to have individual nation states with their own identities and their own borders."

Bye, bye Europe – i amerikansk optik – og i europæisk? Ikke en helt ny metode. I det gamle Rom kaldte man det divide et impera – del og hersk. Den romerske administration brugte det til at kontrollere de erobrerede provinser. Ved at spille på interne konflikter, undgik man samlet modstand.

Europe, Europe ...
hvad ellers?

"Det Europa, vi kender, er for svagt, for langsomt, for lidt effektivt, men kun Europa kan give os styrke til at handle over for verden og over for nutidens store udfordringer."

Emmanuel Macron talte på Sorbonne-universitetet i Paris den 26. september 2017, som han havde talt gennem hele valgkampen om "Europa, der beskytter". "Kun Europa kan sikre vor reelle suverænitet, det vil sige vor evne til at eksistere i den aktuelle verden for her at forsvare vore ideer og interesser."

De europæiske initiativer, Emmanuel Macron foreslog, gik vidt – fra en fælles forsvarsfond til øget samarbejde om sikkerhed, terrorisme, klima, migration og et tættere organiseret økonomisk samarbejde med en europæisk valutafond, en fælles finansminister og bedre udligning mellem skatter, løn og sociale ydelser inden for unionen. Frankrig og Tyskland skulle føre an. Macron kaldte det *la Refondation de l'Europe*, gendannelse af Europa.

Konteksten var Brexit. Storbritanniens farvel til det europæiske samarbejde, den voksende euroskepsis, lande med populistiske og meget højreorienterede regeringer i den Europæiske Union, der sagde nej til at modtage flygtninge, da menneskestrømmen for alvor meldte sig og lukkede grænser og byggede mure.

Endnu engang kom den unge præsident Emmanuel Macron på forsiden af Time Magazine i november 2017 – denne gang med titlen 'The Next Leader of Europe'. Macrons entusiasme og begejstring gav genklang verden over, og det langt mere end i selve Europa. I Tyskland havde Angela Merkel et helt anderledes afslappet og tættere forhold til den nye præsident end til hans forgænger. Kansleren var dog yderst forsigtig. Hendes egen politiske situation var svækket. Kritiske røster var hurtige til at fremføre, at nu skulle Tyskland igen til at betale for Sydeuropa, der som sædvanlig havde rod i egne økonomiske forhold.

"Macron er parat, han har opbygget sin plan, sit helt eget træ – med lys og guirlander, søjler og grene – han er helt og totalt parat."

Pascal Lamy siger det med et glimt i øjet, et glimt, han ofte benytter sig af. Han har været generalsekretær for WTO i to perioder (2005-2013), rådgiver for finansminister Jacques Delors og derefter kabinetschef i Bruxelles under Delors' formandskab for EU-kommissionen (1984-1995). Nu er han præsident emeritus for Institut Jacques Delors i Paris. Der er ikke meget i europæisk sammenhæng, der undslipper ham. Han er "naturligvis stadig medlem af socialistpartiet" – det bliver sagt meget fast med det der glimt i øjet.

"Fra den økonomiske krise i 2008 til 2016 er begejstringen

for Europa faldet – der er tale om *un désamour* – en decideret mangel på varme følelser. Politikerne har sneget sig langs murene for ikke at give udtryk for pro-europæiske meninger, simpelt hen for ikke at forskrække vælgerne. Sjovt nok har Brexit, Trump, Erdogan og Putin alligevel fået tilslutningen til Europa til at stige!"

"Emannuel Macron gik direkte mod sine forgængere. Han har ført en positiv Europa-kampagne helt fra start – i modsætning til Marine Le Pen og Jean-Luc Mélenchon i Frankrig, tyske AFD og andre kræfter i Østrig og Holland."

"Macron holder sine pro-Europa-taler, eksempelvis fra La Sorbonne, men vil det relancere Europa? For to år siden i Davos troede ingen på noget mere. Så talte Macron FOR Europa i Davos 2018. Det var frisk luft, positivt, åbent – og auraen af at have stoppet Le Pen i Frankrig gav ham en fremstående plads – og meget, meget store forventninger."

"Men Frankrig kan kun reformere Europa, hvis Tyskland er med. Alene kan Frankrig ikke ændre og løfte. Et Europa i flere hastigheder, i variabel geometri med Eurozonen som den hårde kerne, er nok der, hvor chancerne er størst for en mulig hurtig realisering – men stadig afhængig af Tyskland, hvor Europa-skepsis jo for alvor er vokset. Østeuropa skaber også ængstelse omkring politisk frihed. Hvor langt kan samarbejdet så gå? Frankrig vil have langt større samarbejde fra forsvar til immigration til lige beskatning – kan det lykkes, eller ender det i *désordre*, det rene rod?"

Samtalen med Pascal Lamy fandt sted, inden Angela Merkel blev udsat for et frontalangreb fra sin nye indenrigsminister, en noget euroskeptisk herre. I Tyskland havde det taget over fem måneder at få dannet en ny regering efter valget i september 2017. Det var totalt uhørt og efterlod Angela Merkel betydeligt svækket og med langt mindre handlekraft end vanligt. Emmanuel Macron afventede resultatet, fortsatte med at forsvare Europa, men skulle senere sige, at der var tabt et halvt år. Angela Merkel skulle derefter få et alvorligt sammenstød med sin egen nye indenrigsminister Horst Seehofer fra CSU, et kristendemokratisk søsterparti til Merkels konservative CDU, der tænkte mere på lokalvalg og Bayern end på det Europa, han kritiserede for svag migrantpolitik. Hermed kritiserende han naturligvis også koalitionspartneren Merkel. "Crazy Horst" blev hans nye tilnavn, og lederen af koalitionspartneren SPD, Angela Nahles, gik endnu videre og betegnede ham som "Bonsaï Trump".

Seehofer ville have grænserne lukket. Alle, der allerede var blevet registreret i et andet land, skulle sendes tilbage til det land, og hvis ikke det blev sådan, ville han gå af og dermed måske udløse et nyvalg. Det ville formentlig ende der, hvor man allerede stod, nemlig med en usikker koalition – eller måske en endnu større valgsejr til det ekstreme højre AFD.

Angela Merkel var ved at få nok. Hun fik med stort besvær sat Seehofer på plads. Hun gentog gang på gang, at immigration, asyl og migrantpolitik er et europæisk anliggende, og at det ikke bare er op til enkeltstater inden for den Europæiske Union selv at håndtere sagen, som det passer en. Angela Merkel vandt med et slags kompromis, så regeringen holdt og med den også den europæiske løsning – indtil videre. Angela Merkel var ikke totalt handlingslammet. Hun imødekom endda Macron med en start på et fællesbudget – et eurozone-budget, der skulle bruges til netop kriser, hvor det var nød-vendigt at sætte ind. Det var langt mindre end planlagt, men det var en begyndelse – især rent symbolsk.

"Emmanuel Macron vil bruge Europa og opbygge et stærkt centrum mod ekstremerne," tilføjer Pascal Lamy. "Taktikken vil være at få ekstremerne til at eksplodere. På den ene side, til venstre, Jean-Luc Mélenchon, som allerede taber terræn. Og på den anden side, det ekstreme højre, med Marine Le Pen og delvis Laurent Wauquiez, som vil gå samme vej. Det er Macrons *pari*, hans satsning, hans væddemål. Vil det lykkes?"

Pascal Lamy kunne ikke på samtalens tidspunkt forudse resultatet af valget i Italien, hvor man som i Tyskland efter lange forhandlinger og med stort besvær fandt frem til en regering. Den placerede sig langt ude til højre – og skulle da også snart lade høre fra sig. Det handlede igen om flygt-ninge, asylsøgende og økonomiske migranter. Italien ville/kunne ikke længere tage imod, forlød det. Indenrigsminister Matteo Salvini nægtede i juni NGO skibet Aquarius at lægge til i Italien. Italien lukkede sine havne. Malta gjorde det samme. Til sidst forbarmede Spaniens nye regeringschef, socialisten Pedro Sanchez, sig og sagde ja til at modtage skibet i Valencia og de 629 om bord. Et uskønt forløb, der kun understregede den interne splittelse i Europa.

Frankrig sagde ikke noget, hvilket medførte hård kritik in-ternt i Frankrig. Emmanuel Macron forsvarede sig og lovede at tage en del af folkene om bord på Aquarius til Frankrig, hvilket også skete, men Macron fastholdt, at det var Italiens pligt at komme nødstedte til havs til undsætning. Salvini svarede, at Frankrig hellere skulle feje for egen dør. I forhold til Italien tog Frankrig stort set ingen. Macron ville ikke have det siddende på sig. I 2017 havde Frankrig modtaget 100.000. Det var dog kun 34.000, der fik lov til at blive. Europa var langt fra det tætte samarbejde, der var målet for relanceringen af Europa. Pascal Lamy havde for længst opfordret til realitetssans.

"Europæerne bør tage egne holdninger op til revurdering – men det vil kræve et kulturelt skifte. Vi bør blive som Canada og tage imod folk ude fra, for et er sikkert: De kommer – og de bliver ved med at komme. Verden har ændret sig. Det er *une illusion complète* – en total illusion – at tro noget som helst andet. Afrika vil blive en afgørende spiller. Det har Kina opdaget for lang tid siden."

"*Europe est une machine à fabriquer du compromis*," Europa er en kompromis-fabrikerende maskine, havde Mr. Europe, Jacques Delors sagt. Det lykkedes også efter Aquarius-affæren at holde sammen på Europa og finde en formulering, der dog var mere proforma end reel og bestemt ikke langtidsholdbar.

Frontex-arbejdet skulle styrkes betydeligt med nye 10.000 mand. Det gjaldt overvågningen af de ydre grænser og forsøg på at stoppe strømmen og pengebagmændene, der arrangerede overfarten, allerede inden migranterne forlod den anden side af Middelhavet. Der blev talt om hotspots i Libyen og behandling af asylsager der. Der blev talt om opsamlingscentre – lejre, om man vil – i Nordafrika og det på trods af, at Tunesien, Marokko og Algeriet havde afvist idéen, ikke kun én, men flere gange. Tilbage var Libyen – et land, der langt fra var sikkert og allerede berygtet for umenneskelig behandling af migranterne. Opsamlingscentre i Europa, hurtigere behandling af asylsager, og øjeblikkelig hjemsendelse i tilfælde af afvisning. Økonomiske migranter ville blive afvist, kun flygtninge kunne anmode om asyl. Dublin-aftalen skulle genforhandles. Det var ikke rimeligt, at de lande, som migranterne først ankom til, skulle tage dem alle. Lande, der slet ikke ville tage immigranter som Polen, Ungarn og Tjekkiet – de såkaldte Visegrad-lande – måtte i stedet betale eller blive trukket i deres diverse tilskud.

Sidstnævnte gik Emmanuel Macron ind for. "Krisen er først og fremmest politisk. Man bruger migrationen til et angreb på Europa." Hermed refererede han direkte til de EU-skeptiske regeringer, han kort forinden havde betegnet som nationalistiske – med det ret radikale udtryk "en stigende spedalskhed i Europa".

Strømmen af flygtninge, asylsøgere og økonomiske migranter var ebbet ud. I 2015 kom 1,26 million til Europa via Balkanruterne, i 2018 var der i det første halvår kommet blot 50.000. Flugtruterne var blevet lukket efter en betalingsaftale med Tyrkiet. Balkanruten var faldet med 97 %. Der var indgået andre aftaler mod betaling i Libyen, Niger og i flere afrikanske sub Sahara-stater – den rute var faldet med 77 %. Billederne fra Aquarius med udmattede mennesker på det udrangerede skib ramte emotionelt, mens diskussion rasede om, hvem der skulle tage imod. Emmanuel Macron faldt i meningsmålingerne. Kun 39 % kunne præsidenten opnå. I maj 2017 havde det været 57 %. Europa stod splittet og svagt. Det var ikke én for alle, alle for en.

Der kunne ellers nok være grund til at holde sammen, for det var ikke kun fremmedes adgang til at blande sig med unionens 500 millioner indbyggere, der syntes at være et problem, men også hårde ord og uventet fjendtlig opførsel med et yderst nationalt udgangspunkt, der kom fra den nærmeste allierede – fra præsident Donald Trump, der nu lagde vægt på sit slogan "*America First!*" Straftold for stål og aluminium var indført både for Europa, Canada og Mexico. Europa svarede igen med lignende told på diverse amerikanske varer. Kort efter, i starten af juni 2018, blev der holdt G7 – møde i Canada, hvor Trump tilsyneladende lod sig overbevise og underskrev slutdokumentet, – for så et par timer senere fra sit fly at trække sin underskrift tilbage. Så meget for frihandel. En decideret handelskrig var på vej til at blive optrappet.

Helt galt gik det, da NATO i juli 2018 holdt møde i Bruxelles. Statslederne havde forinden fået et direkte brev fra den amerikanske præsident, hvori han understregede, at de aftalte 2 % af BNP til Nato nu skulle indfries. I aftalen lød det, det skulle være inden 2024. Under mødet viftede Trump også med et krav, nu ikke på 2 %, men på 4 %. Det blev prompte afvist. På det helt personlige plan gik det ud over generalsekretær for NATO Jens Stoltenberg og helt fra start kansler Angela Merkel, der blev skældt ud for at være "totalt kontrolleret af Rusland". Den situation havde Merkel bragt sig selv i ved at indgå aftaler om gasledning Nord Stream 2. Det emne havde intet med NATO-mødet at gøre. Angela Merkel svarede, at hun var vokset op i Østtyskland i Sovjettiden. Hun glædede sig derfor over genforeningen af Tyskland og friheden til selv at kunne bestemme og indgå de aftaler, man ville. Trump underskrev dog musketereden om hjælp landene imellem, skulle behov opstå. Han mente, at NATO-mødet havde været godt med god atmosfære og gode resultater. Trump tweetede om sin succes med at få europæerne til at øge beløbene til NATO – "nu vælter det det ind med penge – takket være mig!"

Næste Trump-angreb den uge var på Storbritanniens premierminister Theresa May. May havde ikke lyttet til Trumps råd om Brexit, og hvordan europæerne skulle behandles. Nej, hendes udenrigsminister Boris Johnson, der netop havde forladt regeringen, da han ikke var enig i Theresa Mays oplæg til en "blød" Brexit-aftale, ville, ifølge Trump, være en langt bedre premierminister. Mays holdning udelukkede enhver mulighed for en ny handelsaftale med USA efter Brexit. Med denne salut landede Trump i London på et todages "arbejdsbesøg". Theresa May bevarede en britisk *stiff upper lip* og roste – som man nu gør – det gode forhold mellem de to nationer. Næste dag gjorde Trump det samme. Theresa May var en *"terrific woman"*. Dronning Elizabeth på 92 inviterede på te – som man nu gør – og bevarede også en britisk *stiff upper lip*, da Trump skridtede æresgarden af foran Dronningen og nærmest havde gemt og glemt hende bag sig.

Demonstrationerne bølgede mod Trump – og det ikke kun i London. Protesterne gjaldt hans besøg i det hele taget, hvad ville han i London, hans nej og hans tilbagetrækning fra den allerede indgåede klimaaftale, hans nedgørelse af Iranaftalen, hans sanktioner mod de allierede, hans behandling af migranter i USA med adskillelse af mødre og børn ... Listen var lang. Trump så intet af det. Londons borgmester Sadiq Khan havde sørget for at sende ham ud på landet, blandt andet til premierministerens landsted Chequers og lade ham lande med helikopter. Trump fortsatte til Skotland til eget golf-etablissement, Trump Turnberry Golf Resort, hvorfra han, lige inden han rejste til Helsinki for at mødes med Vladimir Putin den 16. juli, beskrev Europa – den Europæiske Union – i overraskende vendinger. "Når det gælder handel, er de vore fjender – ja, fjender – *"Our Foe"*. Så meget for de allierede. Del og hersk, syntes strategien at være.

Fra Bruxelles havde formanden for Europarådet, Donald Tusk, allerede inden NATO-mødet lakonisk meddelt, at "Amerika skulle passe på sine allierede, Amerika havde ikke så mange." Donald Trump erklærede bramfrit, han stillede op til præsidentvalget i 2020 – og det for at vinde – det gik strålende, tak! I Skotland nåede demonstranter så tæt på den golfspillende amerikanske præsident, at tilråbene kunne høres: *"No Trump, no KKK, no racist USA,"* Trump vinkede til dem og fortsatte sit golfspil.

Således styrket var Helsinki næste stop. To timers samtale med Putin – alene, kun med tolk. Der kom på et efterfølgende pressemøde ikke meget ud om indholdet. Forholdet mellem de to nationer gik lyse tider i møde. Direkte adspurgt, erklærede Trump, at Putin havde sagt, at Rusland ikke havde blandet sig i det amerikanske præsidentvalg i 2016, så det mente Trump var korrekt. Han kunne heller ikke se nogen grund til, hvorfor Putin skulle have gjort det. Trump desavouerede her grundigt sin egen efterretningstjeneste – endda med navns nævnelse af chefen Dan Coats. I USA var 12 russere netop blevet anklaget for at have blandet sig i valgkampagnen.

Hjemme igen i USA måtte Trump sadle om. Kritikken haglede ned over ham. Nu havde han stor tillid til efterretningstjenesten og dens chef Dan Coats. Putin kunne have forsøgt at blande sig i valgkampen, men under alle omstændigheder havde det ikke haft indflydelse på resultatet, fastslog præsident Trump. Demokraterne ønskede, at tolken, der havde ledsaget Trumps enegang med Putin, skulle vidne for at få at vide, hvad der var blevet sagt, og hvorvidt der var afgivet nogen løfter. Det fik Republikanerne lagt ned. Trump svarede igen med at invitere præsident Putin til Washington i efteråret. Den efterhånden meget omtalte Director of National Intelligence, Dan Coats, blev på en pressekonference spurgt om Putins kommende besøg. *"Say that again? Did I hear you?"*, kom det prompte fra Coats, der helt tydeligt ikke var informeret. *"That'll be special,"* småsmilede Coats. Ingen dialog med efterretningschefen, men som det mangen en gang korrekt blev fremhævet, det var vigtigt at være i dialog med Rusland. Coats fastholdt dog, at Rusland havde interfereret og kun var et klik fra at gøre det igen ved kommende valg.

Verden så undrende til. Trump var ingen tillidsskaber for USA. Hver gang et nyt tweet landede, blev det overvejet, om det var alvor eller bare var den efterhånden velkendte magtstrategi med at buse frem, skræmme, sige det modsatte, afvente og lande et tredje sted. Ikke noget, der generede Trumps vælgere. Støtten til præsidenten syntes at ligge fast.

Kritikken af Europa var aldrig langt væk. Trump mente, at den Europæiske Union og Kina havde manipuleret med deres valuta for at holde den lav og renten nede, mens USA (FED – centralbanken) ville hæve renten, så dollaren blev stærkere. USA risikerede at miste konkurrencedygtighed i sine handelstransaktioner. USA ville ikke længere lade sig snyde. Handelskrigen eskalerede. Når Trump hævede tolden, gjorde Kina det samme – og såmænd også EU. Hvem blinker først?

Trump blinkede ikke, når det handlede om sanktioner mod Iran. De ville også omfatte andre lande, der forsatte deres virksomhed og investerede i Iran. Det gjaldt for eksempel franske Total. En fransk henvendelse om en undtagelse blev afvist. Total valgte så at indstille investeringerne. Trump fordømte til gengæld EU-kommissionens beslutning, fremsat af Margrethe Vestager, om at idømme Google en bøde på 32 milliarder kroner for siden 2011 ulovligt at have brugt deres dominerende markedsposition. "Jeg sagde det jo," tweetede Trump, "de udnytter os, men det skal være slut." EU måtte se sig om efter nye partnere og lavede da også nye handelsaftaler med blandt andet Kina og Japan. Fokus var nødt til at skifte – de vante relationer var ændret. *America First,"* lød det fra USA. Fortaler for frihandel og multilateralisme var nu Kinas stærke mand Xi Jinping. "Trump giver for alvor Kina fri bane," understreger Pascal Lamy. Det geopolitiske kort var under forandring.

Emmanuel Macron holdt fast i sin Europa-overbevisning.

De 500 millioner indbyggere med et højt uddannelsesniveau, et meget højt teknisk niveau med stor konkurrencedygtighed, med innovation, et veludviklet forsvar – og nu med al tydelighed uden sikkerhed i forhold til alliancen med USA. Det VAR helt klart på tide at rykke sammen og opgradere industri, handelsaftaler og forsvarskapacitet – og ikke mindst de europæiske værdier om demokrati og ligestilling. Netop som det siges og signaleres kraftigt i det franske: Frihed, Lighed og Broderskab er universelle værdier. Macron gentog det igen og igen.

"The Next Leader of Europe", som forsiden af Time Magazine havde signaleret? Storbritannien var på vej ud med Brexit. Spanien havde sit rebelske Catalonien. Italien var for alvor gået euroskeptisk med sin nye kraftige højrefløjsdrejning. Det gamle Østeuropa excellerede i indadvendthed og afvisning. Norden var forsigtig og voksende skeptisk. Tyskland var der fortsat, så længe Merkel holdt mod den voksende Europaskepsis. Men når det gjaldt fast overbevisning og ambitioner, var der kun én mand på banen – franske Emmanuel Macron.

Ville han komme ridende som Jeanne d'Arc i harnisk, eller ville han som idealist sidde på hesten Rosinante som Don Quichotte og mumle "Den, som tror, at tingenes tilstand i denne verden kan ændres, tror noget, han ikke bør tro"? Macron har det med ikke at opgive, endsige skifte mening.

"Europa er et mål for Emmanuel Macron. Europa giver det politiske virke mening," siger Henri Gibier på avisen Les Echos, "Macron har oplevet det lidt som François Mitterand før ham: Frankrig er altid tæt på det "universelle kald". Europa kan stadig mobilisere på trods af de anti-europæiske følelser."

Valget til Europa-Parlamentet rykkede nærmere – der var ikke langt til maj 2019. Det kunne blive et ret så afgørende valg. Emmanuel Macron havde arbejdet på at få indført trans-nationale valglister for at styrke sammenholdet og uden tvivl også positionen for sit parti République en Marche, der var meget nyt i den sammenhæng. De transnationale lister var imidlertid blevet afvist af EU-Parlamentet for 2019-valget af tids- og forfatningsmæssige årsager. De mere EU-skeptiske og Visegrad-landene så det som et stunt for føderalistiske tendenser, som de var stærkt imod.

"Macron spiller højt spil med sine europæiske ambitioner – og han står meget alene. Den nationale tilbagetrækning, nationalismen og usikkerheden er voksende. Det er ikke umu-ligt, at Europa vil blive optrævlet og splittet," advarer politolog Pascal Perrineau. "Hvis Europa forbliver status quo og ikke sætter sig i bevægelse, så vil den Europa-fjendtlige lejr vokse. Macron har idéer og et stærkt projekt, han får ikke alt gen-nemført, klart nok, men hvis ikke der sker noget, så ser det kompliceret ud for Europa."

"*Europe – c'est nous!*" – Europa, det er os. Macron ville i den grad overbevise om, hvor vigtig Europa var for hver og en. Der var ikke mange taler, hvor der ikke blev refereret til Europa. En *obsession*, mente nogle, men Macron havde sine grunde og sin egen overbevisning.

"Jeg tilhører en generation, der ikke har kendt til krig (...) en generation, som tillader sig den luksus at glemme, hvad folk før dem har oplevet (…) hvor meget blod, der har flydt. Glemmer prisen for demokratiet op gennem historien. Jeg har ingen fascination for autoritær suværænitet. Jeg ønsker, at vi kan overvinde splittelsen mellem nord og syd, øst og vest. Demokrati ER helt klart vor bedste chance."

Sådan sagde Macron, da han talte i Europa-Parlamentet i april 2018. Europa havde haft fred i over 70 år, nu truede en intern splittelse. Allerede i Sorbonne-talen fra året forinden september 2017 havde Macron advaret.

"De idéer har et navn, nationalisme, identitarisme, protektionisme, tillukket suværænitet. (…) De mener, at de er legitime, fordi de med stor kynisme udnytter folks angst. I alt for lang tid ignorerede vi, at de kunne have magt og indflydelse. I alt for lang tid var vi overbeviste om, at fortiden ikke kunne vende tilbage, at budskabet var lært … "

En måned senere, i maj, skulle Macron igen advare mod historieløsheden.

"Pigtråden dukker igen op i Europa, også i folks hoveder."

En kvinde havde sagt det så kort og så effektivt, som det kunne siges: "*Notre mémoire, Votre héritage.*" Vort eftermæle, jeres arv. I 1979 blev Simone Veil den første formand for Europa-Parlamentet. En fransk politiker, kvinde uden prætentioner, men med jernvilje. En kvinde, som kun talte, når det tjente et formål. Europa var hendes drøm, fred i Europa, genforening af Europa, krigene skulle høre fortiden til. Der var stående applaus, da hun tiltrådte, for i 1979 kendte man hendes personlige historie. Simone Veil var en af de 130 fra konvoj 71, der kom tilbage fra de nazistiske koncentrationslejre i Auschwitz-Birkenau og Bergen-Belsen. Som 17-årig var hun blevet arresteret på gaden i Nice i marts 1944. 1500 blev sendt af sted med samme konvoj 71. I lejrene omkom hendes mor, far og bror. Simone kendte til duften fra gasovnene – de gasovne, Jean-Marie Le Pen mangen en gang havde kaldt "bare en detalje". Hun talte ikke om livet i lejrene Auschwitz-Birkenau og Bergen-Belsen før i slutningen af 80'erne. Det gjaldt livet og idealerne, ikke fortiden.

Simone Veil døde 4. juli 2017, små to uger før hun 13. juli ville være blevet 90. Hun var og forblev en af Frankrigs mest elskede og respekterede personer. Hendes berømmelse stammede fra hendes kamp som sundhedsminister for retten til abort. Skældsordene var mange i Nationalforsamlingen, hvor oprørte mandlige medlemmer skældte Veil ud for at ville indføre nazistiske metoder. Det var en prøvelse, hun kun talte værdigt om uden at gå i detaljer. At påkalde sig nazismen over for en kvinde, der på sin venstre arm havde tallet 78651 tatoveret – et uønsket minde om tiden i koncentrationslejrene – var ikke værdigt. Simone Veil FIK retten til abort gennemført i 1975.

Simone Veil var en meget bestemt dame, men også omsorgsfuld. Det er ikke altid nemt i Frankrig at få interviews med kendte personer, men Simone Veil tog imod i 1997, da det handlede om et portræt af den franske kvinde, hendes rettigheder og kamp for samme. Hun tog sig tid. Så var der det, der ikke blev talt om, for det var ikke emnet, men det var svært ikke at blive bevæget, da tallet 78651 kom til syne, da hun rakte armen ud efter nogle papirer.

Da Simone Veil i 2010 blev medlem af det Franske Akademi, lod hun netop tallet 78651 indgravere på det sværd, som medlemmerne – de såkaldte *Immortels* (de Udødelige) bærer. Simone Veil havde vundet også det slag. *"Nous vous aimons, Madame,"* sagde Jean d'Ormesson i sin velkomsttale – og det gjorde franskmændene. De elskede Simone Veil.

Det viste de den dag, Simone Veil fik sin plads i Panthéon – stedet for Frankrigs store mænd og kvinder. *"Aux Grands Hommes La Patrie Reconnaissante"*, som der står over bygningen. For store mænd med fædrelandets tak. Simone Veil er den femte kvinde i Panthéon – sammen med 73 mænd – og hun fik sin Antoine med, for de to havde været uadskillelige, siden de mødtes i 1947. Sammen fik de tre sønner. Antoine Veil døde i 2013.

Pariserne stod tæt pakket på ruten mod Panthéon. Mange bar det helt enkle budskab *"Merci Simone"* – plakaten, der kunne ses over hele landet. Der var mange unge kvinder iblandt dem. I en #MeToo-tid havde Simone Veils indsats for kvinder givet hende ny betydning. Andre plakater viste tallet 78651 – helt enkelt mod antisemitisme, racisme og terrorisme. Byen var stille under den højtidelige ceremoni. Nu hviler Antoine og Simone tæt på kendte navne som forfatteren André Malraux, menneskerettighedsforkæmperen René Cassin, modstandsmanden Jean Moulin og "arkitekten for Europa" Jean Monnet – og ikke at forglemme tæt på mindepladen for *Les Justes* – de retfærdige, der under den tyske besættelse af Frankrig under Anden Verdenskrig hjalp jøderne og tog jødiske børn til sig som del af egen familie.

"La France fidèle à elle-même" – Frankrig tro mod sig selv,

som Emmanuel Macron sagde, da han i sin tale denne søndag den 1. juli 2018 omtalte *Les Justes*, "i kampen mod barbariet". *"Les vents mauvais soufflent à nouveau sur l'Europe"* – Dårlige vinde blæser igen hen over Europa – tilføjede Emmanuel Macron i endnu en advarsel mod nationalisme og racisme, – "og dog er Europa vor langt bedste horisont, det er vor udfordring. Simone Veil tvivlede ikke, det bør vi heller ikke gøre."

"De foreløbige målinger før Europa-Parlament valget i maj 2019 viser, République en Marche får flest stemmer, omkring 28-30 %," fortæller politolog Pascal Perrineau, "det er tidlige målinger, men noget tyder alligevel på, at der bliver lyttet til Macrons "Europa-musik"."

A Shining Light on the Hill

"A Shining Light on the Hill"

Sådan lød det på CNN World i januar 2018 om USA og den amerikanske drøm om at kunne være hjemstedet for alle, der vil og kan. Det oprindelige citat lyder *"A City upon a Hill"* og er fra 1630, hvor englænderen John Winthrop anvendte bibelcitatet om det "forjættede land", da han fysisk og psykisk nærmede sig sit nye land Amerika om bord på skibet Arabella.

Siden har politikerne flittigt taget billedet til sig – fra præsident John F. Kennedy til præsident Ronald Reagan og præsident Barack Obama. Reagan refererede til det gamle citat i sin afskedstale i 1989: "Dørene vil altid være åbne for alle, der har vilje og hjerte til at komme her, og som er villige til at arbejde og give." Kennedy sagde i 1961: "Vi skal være byen på bjerget, alles øjne er rettet mod os." Underforstået: Vi skal være eksemplariske. Obama fortsatte i 2014: "Vi er og vil altid være en nation af immigranter. Vi var også fremmede engang." Da CNN World i 2018 omtalte "det strålende lys på bjerget", var det på baggrund af præsident Trumps vilje til at lukke byen på bjerget for udefrakommende, opsætte mure og direkte ekskludere specifikke lande og trosretninger.

I Frankrig taler folk – og diverse præsidenter – om Frankrig som *Le Phare du Monde* – verdens lys – verdens fyrtårn, der oplyser og bringer mennesket videre. Frankrig som landet for menneskerettighederne, landet for de forfulgte, landet, der tager imod. Præsident Chirac sagde "verdens fyrtårn" uden blusel. Frankrig identificerer sig med en særlig rolle. Ingen præsident kunne finde på at modsige, hvad alle lærer i skolen: Frihed, lighed og broderskab. Heller ikke Emmanuel Macron. Selvfølgelig på sin helt egen måde.

I de januar-dage i 2018 var Præsident Macron – som lovet under valgkampen – på vej til Calais for selv at iagttage problemerne. Besøget fandt sted under diskussioner om kommende regler for asylansøgere og immigranter i Frankrig og ganske få dage før, præsident Macrons første møde på engelsk jord med den britiske premierminister Theresa May. Siger man Calais, siger man *le jungle* – junglen, hvor håbefulde samler sig for at forsøge at komme til det forjættede land Storbritannien. Lejren har været der i årtier, den bliver tømt, den dukker op igen, bliver tømt, dukker op igen. I 2016 blev 8000 flyttet fra lejren, i 2017 var der 115.000 forsøg på at komme over vandet til Storbritannien, og i januar 2018 var der igen 350-500 samlet. 1130 betjente overvågede området. Private organisationer hjalp immigranterne med mad og fornødenheder, og det var fra disse organisationer, der nu var gentagne rapporter om politivold, fratagelse af telte og tæpper i januar-kulden, kort sagt en anspændt situation.

Emmanuel Macron begyndte besøget med at tale med myndighederne – inklusive politiorganisationerne. Kodeordet var human modtagelse og ordnede forhold. Skulle det vise sig, at rapporterne om overgreb mod de fremmede var korrekte, ville de involverede blive straffet. Den slags hører ikke hjemme i Frankrig. Macron mødte de håbefulde immigranter, hvoraf mange kom fra Eritrea og Afghanistan. Han lyttede til deres individuelle historier og forklarede sin politik. De skulle have tag over hovedet – måske ikke lige her, men inden døre, og deres sag skulle behandles hurtigst muligt. Flere hjælpeorganisationer havde afslået at mødes med præsidenten, da de ikke var enige i den politik, indenrigsminister Collomb netop havde fremlagt. Det var for eksempel fremover tilladt for politiet at få adgang til centrene, hvor immigranter overnattede på alle tider af døgnet for at identificere dem. Immigranterne var som jaget vildt, fremhævede organisationerne. Behandlingen var alt for hård, og stigmatiseringen af de humanitære organisationer var voksende, lød deres melding.

Macron syntes berørt af de enkeltes historie, men slog fast, at man under ingen omstændigheder ville tillade, at der igen opstod en ny lejr omkring *le jungle*. Folk ville blive fjernet. Hvis man opfordrede folk til at blive for at kunne komme over til England, så løj man for dem. Det VAR ikke muligt. Macron ville tage en alvorlig snak med Theresa May om at tage imod flere, efter som mange allerede havde familie i Storbritannien, og ikke mindst inkludere de mange uledsagede mindreårige, der cirkulerede omkring stedet. Frankrig forventede konkrete udspil fra Theresa May også om finansieringen af sikkerheden ved Eurotunnellen over til England og i havnen i Calais. Brexit gjorde ikke forhandlingerne nemmere.

Macron takkede endelig hjælpeorganisationerne som Human Watch for deres arbejde. "Det er jer, der redder og hjælper," sagde han og understregede, "Frankrig har pligt til at beskytte folk." Han tilføjede, at Frankrig ikke kunne tage imod millioner af mennesker.

Nede ved grænsen til Italien ved byen Vintimiglia var overvågningen også stor. Byen havde allerede fået tilnavnet Calais Bis. Immigranter samledes for at finde veje ind i Frankrig. Var de blevet registreret i Italien, ville de ifølge Dublin-aftalen blive sendt tilbage. Fra fransk side var der kontrol og overvågning på havet, på vejene, i togene, og det gav resultat. Der var mange gengangere. Tusinder forsøgte at passere. Som ved Calais var de uledsagede mindreårige et særligt problem. De kunne ikke sendes tilbage, hvis de bad om asyl, og havde de familie i et andet EU-land, skulle de sendes dertil.

En 38-årig bonde, Cédric Herrou, bosat i det franske bagland i Roya-dalen, tog sagen i egen hånd, fandt folk ved grænsen og indlogerede dem på sin gård. Han fik først en bøde, så fire måneders fængselsstraf – og til slut, da sagen havde været for Forfatningsrådet, lød den endelige erklæring i juli 2018, at man ikke kan straffes for af humanitære grunde at hjælpe folk i nød, hvis det ikke er for egen vinding. "Princippet om broderskab er anerkendt," lød det. Cédric Herrous umiddelbare reaktion var fransk: "Beslutningen viser, at vort land ikke tilhører nationalisterne og det yderste højre. Det er ikke Frankrig. Frankrig er ikke et lukket, egocentrisk land, Frankrig står for frihed, lighed og broderskab, menneskerettigheder og rettigheder for børn."

I princippet kunne Emmanuel Macron nemt have sagt det samme, omstændighederne skærpede dog hans pragmatisme. I Paris ved Porte de la Chapelle blev endnu en lejr evakueret. Det var ikke første gang. Det samme skete i Nantes. Debatten om asyl og immigration syntes uendelig. Retningslinjerne var for længst lagt – men djævelen ligger i detaljen. Overordnet var det slået fast med principperne menneskelighed og fasthed – *Humanité et Fermeté*.

Der skulle tages ordentligt imod, og der skulle investeres i bedre faciliteter over hele landet. Integrationen skulle forbedres, sprogundervisning i fransk skulle intensiveres og prioriteres. Kun flygtninge kunne opnå asyl, ikke økonomiske migranter. De skulle sendes tilbage, hvor de kom fra, det samme skulle afviste asylansøgere. Kunne man ansøge om asyl, havde man 21 dage til at samle og forelægge sin anmodning. Tidsfrist for et svar var seks måneder – mod tidligere 11 måneder. Kort sagt: Fremmende for alle parter og mere effektivt.

Problemet var blot, at med langsommeligheden i det franske bureaukrati, der næppe kunne være forsvundet *overnight*, ville det være yderst vanskeligt. Der var en årsag til, at folk sov på gaden i Paris i nærheden af det kontor, hvor man skulle have udleveret en formular. Køen kunne være meget lang.

Og i den anden ende, i administrationen, kunne man blive tvunget til at tage meget hurtige beslutninger for at holde trit.

Dertil kom så en eventuel hjemsendelse. Hvordan skulle den håndteres? Hvilke lande ville tage imod? Hvem strittede imod, og hvem ville overhovedet ikke? Hvem sad med ansvaret?

"Frankrig er et gammelt immigrationsland på grund af det koloniale imperium. Vi har med andre ord ikke brug for immigration, vor demografi er mere dynamisk end i andre lande i Europa," ræsonnerede Patrick Stefanini, der livet igennem havde arbejdet for Gaullistpartiet, senest som valgkampagneleder for præsidentkandidat François Fillon, og tidligere havde været Alain Juppés højre hånd. Stefanini havde i Nicolas Sarkozys præsidentperiode været primus motor i opretningen af et nyt ministerium for immigration og identitet. Det er for længst nedlagt.

"Folk, der kommer, er enten højt uddannet eller i servicebranchen. De får lidt under to børn. I de seneste to-tre år er det gået meget stærkt. Socialt er det et stort problem. Økonomisk er der ikke midler. De har stort set ingen selv. Helt som i 1950'erne ser man nu blikbyer opstå. Vi må beskytte os, vi kan ikke være åbne for hele verden," konkluderer Stefanini.

I juni 2018 fik billederne fra skibet Aquarius, der med 629 migranter om bord flakkede rundt i Middelhavet uden at kunne finde havn, meningsmålingerne for Emmanuel Macron til at falde. Frankrig meldte sig ikke på banen for at tage imod migranterne. Det endte med at være Spanien, der efter en uge meldte positivt ud. Macron tog til gengæld imod 80 af passagererne om bord og sendte en bandbulle mod Matteo Salvini, den italienske indenrigsminister, som fremover ville bevise, at Italien ikke tog flere migranter, fordi landet ikke kunne.

Herfra startede en krig på tal og ord om de fremmede. Macron frabad sig alle løftede pegefingre, Frankrig havde taget sin del og ville blive ved at gøre det. "Forklar mig lige, at Frankrig skal tage imod alle! Men se på det franske samfund, se på alle dets brydninger! Se så også på, hvad vi gør, og det skal vi ikke rødme over. Jeg vil have, at Frankrig og den nationale sammenhængskraft holder, og at vores middelklasse finder sin plads! Men samtidig skal vi være på højde med og fastholde vor tradition for modtagelse af fremmede, især når det gælder asyl! Det betyder IKKE alt og alle".

Allerede i 1991 havde Macrons læremester Michel Rocard udtalt den berømte sætning: *"La France ne peut accueillir toute la misère du monde,"* – "Frankrig kan ikke modtage hele verdens fattigdom." Socialisten Rocard måtte høre meget for den sætning og til hans store fortrydelse glemte man ofte at nævne den sidste del af hans udtalelse: *"La France doit en prendre sa part."* - "Men Frankrig skal tage sin del".

Debatten om de fremmede fortsatte, og bølgerne gik traditionen tro højt. I 1993, hvor præsident François Mitterrand var socialist, men tvunget til at samleve med en højreregering med ministerpræsident Jacques Chirac og ikke mindst den flamboyante indenrigsminister Charles Pasqua, havde denne debat gjort Rocard så vred, at han gik på tv med ordene: "Jeg fastholder, at Frankrig ikke kan modtage hele verdens fattigdom, men de folk, Frankrig har taget, og som er her, har

Frankrig ansvaret for at behandle bedst muligt. Men derfra er der overhovedet ingen grund til, at Frankrig også skulle påtage sig hele verdens xenofobier."

Emmanuel Macron tog kampen op med xenofoberne – de fremmedfjendske bevægelser, der voksede frem i Europa – og som i Frankrig var repræsenteret ved Front National, nu Rassemblement National, men også af små grupperinger fra det ekstreme højre, der aldrig helt var forsvundet, men som levede mere eller mindre under jorden, og som med migrationen og terrorismen vejrede morgenluft.

Muligheden for terrorangreb lå latent. Der var overvågning patruljerende soldater i gadebilledet. Udnyttelsen af angsten var ikke latent, den var åbenlys. Overfald både mod synagoger, moskeer og enkeltpersoner fra de to religioner steg betydeligt i 2016 efter de frygtelige attentater i 2015. I 2017 faldt antallet af overgreb, men udgjorde i tal 950 – såkaldte racistiske overgreb stod for 518, antimuslimske overgreb for 121 og antisemitiske overgreb for 311, ifølge oplysninger fra indenrigsministeriet i januar 2018. Afværgede attentater i 2017 var oppe på 20, i 2018 på fem – i alt havde man siden januar 2015 afværget 51 attentatforsøg. Siden 2015 havde de gennemførte attentater kostet 246 mennesker livet.

Det handlede om sikkerhed, og det blev til betydelige stramninger. Det handlede om de fremmede, og der skete også en betydelig stramning over for immigration.

"Emmanuel Macron har ændret sig i forhold til valgkampen. Han er nu mindre åben, nu handler det både om offentlig orden og om terrorisme. Det, der gør det så vanskeligt, er, at man ikke kan tænke på asyl og immigration uden at tænke på terrorismen. Det komplicerer utroligt meget. Folks angst for, at immigranterne skulle vise sig at være terrorister, kalder på fasthed. Sådan har det været for alle præsidenter og ministerpræsidenter. Macron risikerer at skuffe – også sine egne – men han ændrer sig ikke, han er blevet pragmatisk. Før var han kandidat, nu er han præsident," fremhæver politolog Pascal Perrineau.

Islamisk Stat, Daesh, havde taget ansvaret for attentaterne i Frankrig. Angrebene var ikke udført af flygtninge, men af folk opvokset i Frankrig. Langt de fleste havde fundet dette "kald" via internettet, og for langt de fleste var deres kendskab til koranen rudimentært og i høj grad præget af Islamisk Stat-sentenser, gentaget fra propagandaen. Nogle havde været på "studietur" og fået fysisk træning og våbenkendskab hos Islamisk Stat – ofte i Syrien, dengang Islamisk Stat havde magt der. Introduktion fandt også sted i fængslerne, ofte med samme profil. Den unge blev sat i fængsel for småforbrydelser og kom ud som islamist, nu med en rolle at spille, et kald. Nu var de noget og ikke kun de oversete unge i de fattige forstæder uden arbejde og fremtid.

"Radikaliseringen er disse unges oprør. De søger revolten. De er trætte af at være stigmatiseret, af sammenstød med politiet, af alle spændingerne, så finder de tilbuddet fra de radikale islamister. De sidste 30 år har de og deres forældre set og hørt på islamofobiske politikere og deres vælgere. Forældrene har tiet, det var bedre at tilpasse sig og passe sit eget. Nu siger de unge *chiche* – nå, så skidt med det – og vælger oprøret, revolten," understreger politolog Olivier Roy, professor ved det Europæiske Institut i Firenze og anerkendt islamforsker.

"Alle har lovet bedre forhold, præsidenter og regeringer, men intet er sket. Præsident Nicolas Sarkozy fjernede nærpolitiet. Volden og kriminaliteten steg naturligvis. Civilsamfundet forsvandt også. Det er kun unge, uprøvede lærere uden erfaring, der tager job i forstæderne. Det er svært, så hvorfor påtage sig det, der er ingen belønning. Fagforeningerne modsætter sig forskellig løn, hvad der måske ellers kunne hjælpe. De lokale foreninger gør et fantastisk arbejde, men midlerne er små. Arbejde findes stort set ikke, så der er unge, der falder helt ud og bliver radikaliserede. Nu stigmatiseres så også flygtninge fra eksempelvis Syrien. De er ikke flygtet for at søge arbejde. Det er faktisk middelklassen, de intellektuelle, der når til Europa. De fattige bliver i nærområderne som i lejrene i Jordan. Syrernes børn klarer sig her i Frankrig faktisk bedre i skolen end deres klassekammerater fra 2. eller 3. generationsindvandrere. Når skoleåret er omme, taler de fransk."

Emmanuel Macron talte både under og efter valgkampagnen om lige chancer, uanset hvor man var født, uanset hvilken religion man tilhørte og hvilken hudfarve, man havde. Forstæderne skulle ikke lukke sig om sig selv og sygne hen. Nej, der skulle butikker tilbage i området, der skulle oprettes arbejdspladser og laves *startups*. Og først og fremmest skulle skolerne udbygges, så alle fik den rigtige start. Det handlede om selvtillid, det handlede om at turde, det handlede om at blive del af en større enhed, og alle burde tage del fra industrien med investeringer og lærepladser, til foreningerne med deres ekspertise og kendskab til forholdene. Fra forældrene, der ville deres børn det bedste til de unge, der skulle finde og dyrke deres talenter og vise de kunne noget. Det gjaldt deres egen fremtid.

Emmanuel Macron skulle mange gange understrege, at verdslighed, *laïcité*, som den franske stat har bygget på, siden kirke og stat blev adskilt i 1905, betyder frihed til at tro – og frihed til IKKE at tro. Så i skolen er alle lige uden religiøse symboler. Verdslighed handler om tolerance over for de andre. Religion tilhører privatsfæren. Macron ville dog ikke modsætte sig, at studerende på universiteterne bar tørklæder, hvis de ville – det var voksne mennesker. Præsidenten lagde op til en bedre organisering af islam i Frankrig, hvor de muslimske repræsentanter naturligvis skulle involveres med henblik på at kunne imødegå de radikaliserede islamisters indflydelse, deres netværk og hermed terrorismen. Nicolas Sarkozy oprettede i 2003 det Muslimske Råd – Conseil Français du Culte Muselman, som er en paraplyorganisation for mange forskellige muslimske grupperinger. Rådet repræsenterer kontakten til den franske stat.

"Det er bestemt ikke nemt for muslimerne," sukker politolog Pascal Perrineau, "terrorismen er en infernalsk maskine til at skabe mistillid. Her står vi over for terrorister med fransk identitetskort. Hver gang en nordafrikaner kommer ind i metroen med en taske i hånden, kan man se mistilliden i folks ansigter, mange forlader kupéen. Stigmatiseringen vokser."

De radikaliserede islamister udgjorde langt under en procent af Frankrigs fem millioner muslimer. Muslimerne, verdslige eller ej, var for længst blevet integreret i middelklassen. De var advokater, læger, pressefolk, teknikere og bankfolk. Muslimske og arabiske navne fandtes over alt, endda i regeringen. Mangen en kendt franskmand var født i Nordafrika: Dominique de Villepin i Rabat i Marokko, Jacques Attali i Algier i Algeriet, Dominique Strauss-Kahn voksede op i Agadir i Marokko. Båndene var tætte, den muslimske kultur var ikke fremmed. Alligevel opstod en debat, hvor islam var det samme som radikal, politisk islamisme. En debat, hvor enhver muslim var ansvarlig for, hvad individer, hvis opførsel og moralkodeks de ellers tog totalt afstand fra, begik af uhyrligheder. Kort sagt: Islam VAR fjenden – og det på et tidspunkt, hvor volden ramte blindt som 13. november i Paris – og også muslimer var skydeskive for attentatmændene.

Frankrigs kendte islamforsker Gilles Kepel har sat det på formel i bogen 'La Fracture' (Bruddet): "Jihadismen skaber en reaktion mod ALLE muslimer, de populistiske politikere peger på immigranter og islam."

Emmanuel Macron tog staten i ed, da han placerede sig i debatten mod jihadisterne og populisterne.

"Republikken har ingen grund til at have problemer med islam eller med nogen anden religion. Verdsligheden skal garantere, at friheden til at tro eller ikke tro eksisterer (…) Verdslighed er fælles respekt, respekt fra samfundet og fra staten over for de troende, og respekt over for samfundet fra de troende og over for principperne i en stat, der tilhører os alle. Det ved jeg, at langt de fleste muslimer ved og anerkender, og de er villige til at deltage i at bekræfte vor republik."

En muslimsk immigrant fik alle til at glemme alt om stigmatisering en lørdag eftermiddag i maj i Paris. På 40 sekunder kom "Spider-Man" fra gaden op på fjerde sal for at redde en fireårig dreng, der hang ud over en balkon. Manden klatrede simpelthen med de bare næver op ad muren og nåede barnet, der ikke kunne have holdt fast meget længere. Frankrig havde fået en ny helt, og Frankrig elsker helte. Præsidenten kunne sole sig i bekræftelsen af sin egen teori om talent og initiativ og det at turde. 22-årige Mamoudou Gassama fra Mali forklarede, at han så barnet hænge der. "Jeg tænkte ikke så meget, jeg gjorde det bare." Mamoudou var beskedenheden selv. Ja, han var kommet til Paris fra Mali, nej, han havde ikke opholdspapirer. Hans franske bar præg af, at han ikke havde været i landet så længe. Inden han så sig om, blev han modtaget i Elysée-palæet, hvor han genert en gang til fortalte præsident Emmanuel Macron, at han ikke havde tænkt så meget, han handlede bare. "Jeg så folk stimle sammen og råbe og pege, og biler dyttede. Barnet hang bare der, ja, så gjorde jeg det med Guds hjælp og nåede op og fik fat i ham. Gud være lovet. Mine ben rystede, da jeg var kommet ind over balkonen med ham og ind i lejligheden." "Bravo," sagde præsident Macron. "Det var jo et barn, jeg kan godt lide børn," sagde Mamoudou og kiggede beskedent ned. Jo, han ville gerne være brandmand. Og vupti, så havde han arbejde hos brandmændene – og sine papirer i orden med statsborgerskab – samt en fortjenstmedalje. Mamoudou var stadig helt sig selv med sin generte værdighed og sit meget direkte faste blik. Han sagde i første omgang nej til tv-interview. Siden skulle hans historie gå verden over.

Mamoudou var kommet fra Mali via Burkina Faso, Niger

og Libyen, hvor han blev arresteret, sat i fængsel og maltrakteret af libyske fangevogtere og menneskesmuglere. Han nåede over havet til Italien i forsøg nummer to. Han fortsatte til Paris, hvor han havde en bror. Forklaringen på hans ekstraordinære gode fysiske form lå formentlig på vejene fra Mali gennem ørkenen til Libyen og over havet til Europa. Turen tog fire år.

Skibet Aquarius med 629 migranter om bord skulle også få franskmændene til at reagere emotionelt. Italien havde lukket for adgang til italienske havne. Det tog over en uge i juni 2018, før Spanien gav adgang til sin havn i Valencia, og Frankrig lovede at tage en del af de 629 om bord. Efter Aquarius fulgte andre skibe, eksempelvis Lifeline. Frankrig endte med at tage 80 fra Aquarius og 54 fra Lifeline. Den sene reaktion fik franskmændene til at kritisere Emmanuel Macron for mangel på menneskelighed og ansvar. Han var og forblev de riges præsident og kun deres præsident, forlød det.

”Jeg stemte naturligvis på ham, alternativet Marine Le Pen var udelukket, det ved du,” siger en journalistven fra Marseille, – ”men han opfører sig som en anden Bonaparte, en lille solkonge, nu ved jeg snart ikke, hvad jeg skal sige … Manden er iskold.”

”Han hører ikke efter,” siger min veninde, en forretningskvinde fra Toulouse. – og så kommer sætningen, der klart afslører hendes danske aner: ”Han er en arrogant, lille skid. Jeg stemte naturligvis på ham, hvad forventede du? Marine … aldrig! Er du vild. Og ja, vi skal have reformer, vi skal igennem det, men måden, arrogancen, du … det er ikke lige mig. Han er ikke folkets mand."

Stemningen var allerede lagt, da Jean-Louis Borloo, tidligere arbejdsminister og miljøminister under henholdsvis Jacques Chirac og Nicolas Sarkozy, kom med sin *Plan Banlieue* – sin store og længe forberedte plan for forstæderne, en plan for udvikling, integration og fattigdomsbekæmpelse – og blev mødt med en afvisning og en kort sætning fra Macron, der gjorde Borloo aldeles rasende, og som gav oppositionen mulighed for at bære ved til bålet af kritik.

"To hvide mænd, der ikke bor i området, udveksler en plan – sådan foregår det ikke mere. Nej, den ny metode er *co-construction* – samarbejde med folk, der bor i området." Præsident Macron oplyste, at han allerede havde indkaldt folk til møde. De skulle være med, og det skulle komme fra dem selv. De vidste bedst, hvor problemerne lå, og hvad der skulle gøres. Man skulle lytte til dem.

Ikke en direkte afvisning, men et nej til at sætte den meget omfattende og meget dyre plan til 48 milliarder euro i gang her og nu. Borloo skulle fremover sende sine stikpiller mod Macron og regeringen ved enhver given lejlighed. Udsættelse af en plan for de fattige og debatten om immigration og asyl gjorde sit til, at Macrons popularitet faldt til 39 %.

"*Il est cash,* han er cash – meget direkte. Og han har et ret stort temperament, og det kan godt få én til at være uforsigtig. Han er godt klar over, hvor meget, der forventes af ham," siger Pascal Perrineau og smiler lidt skævt.

Macron var bevidst om, at han skulle forklare sig og

gøre status. Han ville gøre det på den planlagte kongres på Versailles-slottet på det møde, der nu skulle finde sted en gang om året. Et møde for Parlamentets to kamre, som annonceret på den første kongres kort efter hans tiltrædelse.

Indkaldelse til Versailles var ikke en tradition. François Hollande indkaldte kun én gang – efter attentatet den 13. november. Macron så det som en gestus, et tegn på åbenhed og transparens. Men kritikken faldt prompte. Kongres på Solkongens slot! Troede han, at han var Ludvig d. 14. – *le Roi du Soleil*? Det blev hurtigt til "Lille Solkonge" og kunne høres landet over.

La France Insoumise (Det ukuelige Frankrig), Mélenchons parti med 17 medlemmer i Nationalforsamlingen, meldte straks ud, at de ikke ville være med til at bruge skatteydernes penge på den monarkistiske facon. De ville slet ikke deltage. I øvrigt kunne man ikke efter kongens tale stille ham spørgsmål eller overhovedet ytre sig, ifølge forfatningen, så hvad var formålet? De var de første, men ikke de eneste, der sagde fra.

Det var kun medlemmer af République en Marche, der deltog i frokosten før Præsidentens tale. De kunne så tale frit. På selve kongressen var salen fyldt. Mangen en folkevalgt mente trods alt, at man skulle høre, hvad præsidenten havde at sige – for så bedre at kunne kritisere bagefter. Emmanuel Macron talte vanen tro længe. Temperaturen var over 30 grader udenfor – indenfor noget derover.

Der var nye toner at hente – Emmanuel Macron havde hørt kritikken. Ikke at han ville ændre sin politik, den lå fast, og den troede han på, men han havde lyttet.

"Jeg glemmer ikke vreden, jeg glemmer ikke angsten og

usikkerheden. Jeg forstår ængstelsen over for manglende indkomst, over for arbejdsløshed. Derfor står jeg her foran jer og det kald, der er blevet mig givet, bevidst om at det omfatter enhver fransk mand, enhver fransk kvinde og hermed hele nationen. Jeg står her beskeden og besluttet, og jeg vil i fortrolighed sige til jer, enhver præsident ved, han ikke kan alt, alt vil ikke lykkes for ham. Jeg bekræfter, jeg kan ikke ALT, jeg kan ikke lykkes med alt, men jeg vil kæmpe for det bedst mulige resultat. Alle præsidenter har tvivlet, også jeg, men det er min pligt at sørge for, at tvivlen ikke ændrer hverken mine tanker eller min vilje. I præsidentfunktionen er man realistisk, derfor også meget beskeden over for jobbet, beskeden over for sig selv, men aldrig for Frankrig. Som præsident skal man sigte højt for Frankrig, og det vil jeg gøre."

En ny ydmyghed, men ikke uden opfordring til at kæmpe og især mod samfundets ulighed, samfundets opdeling i *Upstairs and Downstairs.*

"Der er en fransk vej mod ulighed. Den er steget i de sidste 30 år. Det handler ikke som i så mange andre af vore nabolande om indkomst, selv om det naturligvis eksisterer. Nej, det handler om ulighed per skæbne. Det handler om, hvor man er født, i hvilken familie, man er vokset op, hvilken skole man har gået på. Og hermed skulle ens liv og skæbne så være beseglet og ikke kunne ændres? *Les Inégalités du destin,* denne skæbnens ulighed, er vokset i Frankrig over de sidste 30 år, hvad enten man vil se det eller ej."

"Det, der optager mig, er den franske model for dette århundrede. Vor virkelige sociale model skal tage fat om rødderne til denne skæbnens ulighed, der er opstået, inden vi overhovedet er født (…) Den franske model, jeg vil forsvare, kræver, at det ikke mere er fødsel, chancer og netværk, der afgør ens sociale placering, men talent, indsats og fortjeneste."

Præsident Emmanuel Macron ville helt klart lancere sin sociale side – den, der havde været så efterlyst. Men den druknede i endnu en debat om præsidentens monarkistiske tilbøjeligheder, hans vertikale måde at se samfundet og det politiske liv. Kun HANS ord var magt, forlød det.

I sin tale åbnede præsidenten for muligheden for den ønskede og efterlyste debat og dialog med præsidenten. Ved næste års kongres ville han sørge for, der også kunne blive stillet spørgsmål til præsidenten fra forsamlingen af deputerede fra parlamentets to kamre.

Nu var kritikken så, at han ville udelukke sin ministerpræsident. Skulle han nu også afgøre regeringens arbejde? Hvorfor ville han overhovedet have en ministerpræsident? Så kørte debatten endnu en gang intenst.

Heldigvis for landets stemning kom så drengene – Les Bleus – fra udkants-Frankrig, fra forstæderne, og gav den gamle nation lidt af det livsmod tilbage, nationen så ofte har tendens til at glemme i den franske syge om mismod, pessimisme og – tilføjer Pascal Perrineau – mistillid.

"Mistilliden er nærmest historisk – det er en hel kultur. Mistillid til naboen, ingen åbne haver, haven skal være lukket bag en mur, jo højere, jo bedre, denne mistillidskultur går hele vejen, man har ikke tillid til børnene, man skal forklare dem alt, nå ja, tillid til politikerne, ha, ha – og til journalisterne, ha, ha, ha, glem det!" Pascal Perrineau havde en god dag.

Les Bleus – det franske landshold – vandt Verdensmesterskabet i fodbold, som blev afholdt i Rusland. Det var uventet, det var herligt, det var ind imellem på et hængende hår – men det var helt efter Macron-opskriften: talent, indsats og fortjeneste.

Emmanuel Macron var med på første række i finalen mod Kroatien i Moskva. Han sprang op og hoppede som en diskoskaster, da det første mål blev scoret. Det var godt nok en kroatisk spiller, der sendte bolden i mål i eget net, men det gav *Les Bleus* et forspring, så pyt!

I 1998 vandt franskmændene også verdensmesterskabet, dengang på hjemmebane, hvor fodboldstormagten Brasilien blev slået i finalen, og Frankrig fløj mentalt. På Champs-Elysées kunne man på Triumfbuen læse *"Zizou président"*. Zinedine Zidane med kælenavnet Zizou var fra Cité Castellane i det berygtede Nordkvarter i Marseille – denne nat var han Frankrigs præsident. Den generte og fåmælte Zidane var på alles læber. Nationen havde fundet sin nye helt. Det var en nat på avenuen, hvor alle var stolte *"Black, blanc, beur"* – sort, hvid, araber – uanset herkomst, hudfarve, religion – alle var vindere, alle var franske den nat.

20 år var gået, og nu blev der igen festet på Champs-Elysées. Frankrig var igen euforisk. *Les Bleus* var stadig i Rusland, det var Emmanuel Macron også for at sige tak til alle mand. De havde talent, de havde gjort en indsats, de havde fortjent det. Der var medaljeoverrækkelse ved Putins side, da et uvejr med en kæmpeskylle satte ind – og åbenbart kun én paraply, der dækkede Putin, mens Macron begyndte at ligne *the Rain Man* – drivvåd og med smil til begge ører. Der var

kæmpeomfavnelser af de lige så drivvåde spillere. Det fortsatte i omklædningsrummet med spillernes *dab* – den sidste nye hitdans, som Macron var med på – man er vel ung med de unge. Frankrig var på *le Toit du Monde* – verdens tag – og stoltheden var enorm.

Dagen efter var der modtagelse i Elysée-palæet med en lille introduktion ved værtsparret Brigitte og Emmanuel Macron, et par ord fra værten om eksempel, stolthed, værdighed, fortjeneste og talent, og en lille sigende sætning: "Glem aldrig, hvor I kommer fra". Så tog spillerne ellers over. Scenen var deres, og den var munter, festlig, syngende og dansende. Otte af dem var født i forstæderne, og sammen med dem i haven i Elysée-Palæet var 1500 unge netop derfra, håbefulde og villige til at tro, de også kunne nå ud til resten af samfundet, som de nu engang var og kom – og blive accepteret.

En mand sagde det lige ud og med et smil – og det endda fra Sydafrika, hvor han var med til at fejre 100-året for Nelson Mandelas fødsel. Såmænd Barack Obama, der midt i talen om "yes, we can" lavede en lille kunstpause – og så talte om det, der kan og skal lykkes.

"Not all of those folks look like Gaules to me – but they ARE FRENCH – they ARE FRENCH" – og så trak Obama på den ene skulder med et lidt skævt spørgende smil – den gestus, der er ret typisk fransk. *"Madiba (Mandela) believed like I believe that you can be proud of your heritage without denigrating those of another heritage."*

Spillerne selv strålede, og hvad hverken Zidane eller Thuram eller nogen anden sagde i 1998, kom fra dem. Det var nye tider.

Forstæderne var ikke nødvendigvis rykket nærmere til hoved-centrene i de større byer eller til selve Paris, men et eller andet var sket, når ikke en, men flere spillere aldrig glemte at nævne Republikken og spontant sang Marseillaisen som her i haven i Elysée-palæet. De var sikkert godt coachet, men den velfortjente selvtillid var ægte – og smittede af på alle de håbefulde unge med drømme om social accept og ligeværdighed.

Målmand Hugo Lloris så ud som en galler – og det var han sådan set – fra Nice med forældre fra Spanien. "Det er dejligt at se franskmændene samlet og glade, se dem smile og se dem græde. Det er sådan, vi gerne vil se vores land."

Paul Pogba, midtbanespiller fra Lagny-sur-Marne med forældre fra Guinea, sagde: "Må alle omfavne hinanden. Landsholdet ser sådan ud, og sådan kan vi lide det. Frankrig i farver, sådan er Republikken!"

Og så det nye fænomen Kylian Mbappé. Når man kun var 19, var fra Bondy-forstaden og havde trænet og trænet og var et fund, der ud over at have scoret i finalen også blev kåret som VM's bedste unge spiller – og så i øvrigt havde en mor fra Algeriet og en far fra Cameroun – hvordan formulerede man så sin glæde? Omklamret af unge fans var Kylian Mbappé rolig og afslappet med et hvilende blik og venligt smilende – totalt modsat af, hvad han præsterede på banen med sine uventede skud, sin hurtighed og sit overblik. Mbappé var så afgjort alles darling. "Vi er stolte over at kunne gøre franskmændene glade. Jeg vil gøre alt for Frankrig," sagde han.

Mbappé forærede sin sejrsbonus på 380.000 euro til for-eninger, han selv udpegede. Organisationer, som hjalp unge syge og handicappede med sportsaktiviteter. En stjerne var født – *Le Prince de Bondy*, som de sagde i hans forstad.

Det vrimlede med unge i Elysée-palæet. Der blev skrevet autografer og taget selfies – ikke kun med Mbappé, så sandelig også med Emmanuel Macron. Ingen af spillerne sparede sig – og heller ikke præsidenten. Det var et show, der trak ud. Ingen ville afslutte den lysende eftermiddag, hvor Frankrig igen troede på sig selv.

I dagene efter blev der konkret fremvist og offentliggjort en plan for forstæderne. *Plan Banlieue*, som Jean-Louis Borloo havde udarbejdet og afleveret i maj, var det ikke, men det var her i juli en konkret plan. To dage efter fejringen af VM-guldet samlede Emmanuel Macron i Elysée-palæet foreningsledere fra forstæderne, unge og 100 indflydelsesrige og pengestærke forretningsfolk, for at de kunne diskutere med hinanden. Opfordringen fra præsidenten var meget direkte: Der var behov for lærepladser og investeringer. Det var med andre ord Macron-metoden med at deltage, motivere og få alle med. Det var også Macron-metoden efter "hans eget ur" – når han mente, tiden var rigtig og øjeblikket opportunt. Det var nu.

"En national mobilisering for befolkningen i forstæderne", kaldte præsidenten sin sammenkomst, "der skal mere til end de folkevalgte, det er hele nationen, der skal involveres."

Staten ville investere. 10 milliarder euro til byfornyelse, to milliarder euro med fokus på de unge med adgang til bedre kompetencer, 1,5 milliard til bedre at kunne læse og skrive og bruge digitaliseringen. Kort sagt et basalt løft. Det skulle være den nye metode og den nye strategi. Slut med forskelsbehandling, for eksempel ved ansættelse. Alle skulle stå sammen – høj som lav. Det var ikke kun et spørgsmål om et budget – pengene ville blive fundet – det var først og fremmest et spørgsmål om at løfte i flok og bedre forstå hinanden. Helt som det franske landshold. En langsigtet plan, der begyndte nu. Dette var blot første etape.

Pressen nærmest overså udspillet – for samtidig begyndte en sag, der ikke alene skulle blive sommerens føljeton, medføre afhøringer og retssager og undersøgelseskomitéer i både Nationalforsamlingen og i Senatet, indstilling af reformarbejdet, to gange mistillidsvotum til regeringen og en samlet opposition mod én mand – præsident Emmanuel Macron.

Benalla-affæren, som den blev kaldt efter hovedpersonen Alexandre Benalla, en sikkerhedsvagt for præsidenten, antog så vilde dimensioner, at pressen begyndte at tale om "Før Benalla og efter Benalla". Det var et skillepunkt i præsidentens nu 15 måneder ved magten. Selv sagde præsident Macron intet, hvilket kun hidsede gemytterne endnu mere op. Derefter talte han til sine egne ved en fest for République en Marche – og gav både opposition og presse tørt på, hvilket naturligvis ikke hjalp – endda slet ikke. Endelig kaldte præsidenten det "En storm i et glas vand", da han ikke kunne undgå at svare, da han blev fanget af pressen på et besøg i Campan i les Hautes Pyrénées.

Franskmændene var delte. Nogle mente, at Emmanuel Macron endnu en gang havde vist sin arrogance, selvtilstrækkelighed og mangel på forståelse for ikke at sige foragt for menigmand, han bestemte alt fra sit elfenbenstårn uden hensyntagen til nogen eller noget. Andre så det som et hævntogt fra den ellers totalt splittede opposition, der nu "havde fået et ben at gnave i" og derfor gik totalt over gevind.

Heller ikke meningsmålingerne kunne blive enige. En gav præsidenten nu kun 27 % (Baromètre Yougov), en anden 36 % (Baromètre Elabe). Ét stod klart: Præsidenten havde undervurderet og fejlvurderet situationen. Han, der som det allerførste havde fået gennemført en moraliseringslov og havde lovet total transparens og åbenhed, stod nu ramt. Han var, som en overskrift pointerede i nyhedsmagasinet Nouvel Observateur, "en præsident som de andre". Nu havde han – uden at have foretaget sig ret meget – også SIN skandale. François Mitterrand havde haft sin Rainbow Warrior, franske agenters sænkning af Greenpeace-skibet, der endte med én dræbt. Valéry Giscard d'Estaing havde haft sine Bokassa-diamanter, han ikke skulle have taget imod. Nicolas Sarkozy havde med sine endnu ikke afsluttede retssager om ulovlig valgstøtte og forsøg på bestikkelse af en undersøgelsesdommer ditto skandaler. Og endelig François Hollande, der måtte se sin budgetminister og ansvarlig for bekæmpelse af skattesnyd, Jérôme Cahuzac, nægte at have konti i Schweiz for derefter at gå til bekendelse og derfor få et meget hurtigt exit fra regeringen i starten af Hollandes præsidentperiode. Midtvejs var der Hollande selv på scooter med hjelm, men uden sikkerhedsfolk på vej til elskerinden. Ikke i samme kategori, men ikke desto mindre i skandalekategorien og med til at tegne billedet af de forskellige præsidenter og deres image.

Hvad det nu handlede om? En banal historie om en ung

sikkerhedsvagt på 26, der pustede sig mere og mere op og følte sig så vigtig, at han slog på folk og gav ordrer til politifolk, hvilket de ikke syntes specielt godt om. Men de adlød, fordi der stod Elysée-palæet på ryggen af ham, og Frankrig fortsat adlød hierarkiet og ikke protesterede. Hvad havde det så med præsidenten at gøre? Jo, han havde ansat ham. Alexandre Benalla var kommet ude fra, først som sikkerhedsvagt for præsidentkandidat Emmanuel Macron, derefter var han fulgt med til Elysée-palæet som sikkerhedsvagt for præsident Emmanuel Macron – det vil sige uden om de vante tilknyttede politi- og sikkerhedsvagter i Elysée-palæet, hvad de altid så på med en vis skepsis. De var funktionærer – hvad var han? Kunne man stole på ham? Præsident Macron havde vagter omkring sig konstant, så han ville gerne vælge sine egne folk, så da Benalla havde fungeret godt, tog Macron ham med til Elysée-palæet.

Alexandre Benallas nye status var åbenbart steget ham til hovedet. 1. maj 2018 deltog han som observatør i en demonstration, der skulle udvikle sig ret voldsomt. Benalla var iført sikkerhedshjelm og et armbind, der angav, at han var fra politiet, hvilket han ikke var – og det er ulovligt. Han blev tilmed filmet, mens han gik ret voldsomt ikke kun på en, men to demonstranter. 2. maj blev han suspenderet fra sin post i to uger uden løn, men han blev ikke afskediget. Emmanuel Macron var i Australien, så det foregik internt blandt diverse chefer. Først 16. juli afsløredes videoen i avisen Le Monde, hvorefter både opposition og presse satte kraftigt fokus på sagen.

Der var lagt låg over, man havde forsøgt at skjule det, var

tesen. Drypvis kom flere videoer, det viste sig, at Benalla i flere tilfælde samme dag havde arresteret folk, at han ulovligt havde fået udleveret videobåndene fra politiet, og herfra startede rygterne om et parallelpoliti uden om det officielle, fremført af Marine Le Pen. Jean-Luc Mélenchon mente, at det kunne sammenlignes med Watergate-affæren, og at det nu var en statsskandale. Benalla blev afskediget, da de nye videoer dukkede op. Undersøgelseskomitéer blev nedsat i parlamentets to kamre, enhver detalje blev gennemgået, Benalla tog retssystemet sig af – tilbage var så, at Emmanuel Macron ikke sagde et ord.

De sociale medier var naturligvis også i fuld gang, og her var man kommet så langt, at det stod soleklart, at denne Benalla var så tæt og intimt forbundet med præsidenten, at han havde fået udleveret koden til atomarsenalet. Et medlem af Republikanerne bragte emnet op i Nationalforsamlingens undersøgelseskomité. Vedkommende vidste nok, at Frankrig havde en atomslagstyrke, men åbenbart ikke, hvordan den hemmelige kode kunne anvendes. Det er ikke nok at have koden, der skal biometrisk genkendelse til, og der er ikke kun en, men flere koder alt efter anvendelseskategori. Proceduren var ikke bare at trykke på en knap.

Endelig talte Emmanuel Macron – ikke til folket, ikke i en komité, men til sine egne, der var samlet i Maison de l'Amérique Latine i anledning af afslutningen af parlamentssæsonen. Præsidenten dukkede op uanmeldt for at lykønske med godt arbejde og kom så med sin bandbulle: "Nej, Benalla havde ingen atomkode, nej, han havde ikke en 300 kvadratmeter stor lejlighed i Palais d'Alma, nej, han tjente ikke 10.000 euro om måneden, nej, han var ikke Macrons elsker, nej, der var ikke blevet taget særhensyn eller foretaget noget uden om reglerne. Republikken skulle være eksemplarisk, og det havde den været, men der kan begås fejl."

"Hvad der skete den 1. maj, var utilgiveligt." Macron var skuffet og følte sig forrådt af Benalla. "Pressen søgte ikke længere efter sandheden, den bragede bare ud, og oppositionen troede, at parlamentet var en domstol og havde glemt alt om opdelingen i den udøvende, den dømmende og den lovgivende magt. Både presse og opposition ledte efter ofre og hoveder, der skulle kappes af." Hvis nogen var ansvarlig, så var det Emmanuel Macron selv, han alene. Han havde ansat Benalla og havde sat pris på hans arbejde, så "de kan komme og hente MIG" – *"qu'ils viennent me chercher"* – jeg er den ansvarlige, jeg alene." Den opfordring til *"come and get me"* virkede som en rød klud.

"Emmanuel Macron optræder med sin kommando-facon – *mode Commando*," siger Lucile Schmid, redaktionsmedlem på tidsskriftet Esprit, "det er der ikke meget demokrati over. Det ville være klogt af ham at omgive sig med folk, der turde sige ham imod. Nu er han meget ene, der er for meget hof og palæ omkring præsidenten. Der skal et internt opgør til, en modvægt – en opposition, om du vil."

Der blev reageret i oppositionen i Nationalforsamlingen. Ikke ét mistillidsvotum, men to mod regeringen. Det var ikke sket i 38 år. Højrefløjen stillede sit, venstrefløjen sit. Marine

Le Pen erklærede prompte, at hun ville stemme for i begge tilfælde.

République en Marche havde så stort flertal i National-forsamlingen, at intet mistillidsvotum ville komme igennem. Det var med andre ord symbolpolitik, men det var første gang siden både præsidentvalg og valg til Nationalforsamlingen, at oppositionen fandt sammen. Det i sig selv inciterede.

Fra højrefløjen blev det fremført, at regering og præsident var så "egocentriske i udøvelsen af deres magt", at der nu måtte protesteres. Venstrefløjen ved Jean-Luc Mélenchon mente, at "Emmanuel Macron hadede staten så meget, at det var vanskeligt for demokratiet at overleve."

Ministerpræsident Edouard Philippe svarede ved at gen-nemgå, hvad regeringen faktisk havde fået gennemført og afsluttede listen med følgende bemærkning: "Det er jo ikke regeringen, I er efter, det er præsidenten. Det vil ikke lykkes for jer. Præsidenten har sagt, at han vil korrigere, hvad retssagen finder, ikke har fungeret. Alt vil blive gennemgået. Det her er IKKE en statsaffære. Vi har langt vigtigere ting at tage os til, tempoet bliver ikke mindre efter sommerferien, det er derfor vigtigt, at vi når så meget som muligt. Store reformer venter. Og vær sikker på én ting: Vi gennemfører vort program."

"Det er ren og skær hævn, og så skal man opleve, at det ekstreme højre og det ekstreme venstre går sammen – Marine Le Pen og Jean-Luc Mélenchon. Hvor er vi henne?" Forfatterinden Hélène Bleskine er vred. "Har de overhovedet nogen principper? Det er ren og skær kynisme. De kan ikke komme sig over at have tabt både præsidentvalget og valget til Nationalforsamlingen. Frankrig vil have fornyelse, ikke konstant de samme hoveder med de samme floskler. Derfor blev Macron valgt."

Højrefløjen stemte for venstrefløjens mistillidsvotum, og venstrefløjen stemte for højres mistillidsvotum – bortset fra socialistpartiet, der besluttede, at de alligevel ikke kunne gå sammen med højrefløjen, ledet af les Républicains.

Interessant nok kom der ingen udtalelser fra François Hollande, der ellers ikke havde for vane at holde sig tilbage, når det gjaldt kritik af Macron og hans politik. Hollande var på promo-tur med sin seneste bog, og selv hans samleverske Julie Gayet var begyndt at sige, at der var mange, der gerne så, at Hollande stillede op igen og vendte tilbage til det politiske liv.

Heller ikke Nicolas Sarkozy ytrede sig, og måske mest interessant heller ikke den nuværende leder af les Républicains, Laurent Wauquiez, han overlod helt jobbet til sine løjtnanter.

Én mand manede til besindelse – centrumpolitikeren François Bayrou, leder af MoDem, som havde været i valgalliance med Macron og en kort overgang havde været hans justitsminister. "Benalla-affæren er ikke en statsaffære. Der er her tale om en politisk instrumentalisering, der er ved at gå for langt. Der ER blevet fejlet, manden burde fra start være afskediget. Men man kan også spørge sig selv, hvem der har interesse i, at sagen nu kommer frem, og hvorfor ventede de så længe?"

Bayrou gav selv svar. "Formentlig rivalisering inden for politiet eller snarere mellem de forskellige grupperinger inden for politiet og så den politiske iscenesættelse og instrumentalisering fra folk, der har haft magtmonopolet i årtier, og som nu prøver at destabilisere den ny præsident."

Jo, Bayrou havde fundet udtrykket *"come and get me"* unødvendig western fra Macrons side – men han så "ikke Macron som en mand, der var fristet og beruset af almægtighed."

Alexandre Benalla var beruset af sin status og hoppede op og ned på den vanlige hakkeorden og udfordrede hermed politifolk, der ikke havde haft en lynkarriere som Benalla på 26. Elysée-personalet og de interne chefer ville bare have fred og ønskede ikke at udfordre præsidenten, der havde valgt Benalla uden at bemærke de mere mørke sider af hans karakter. Så ind under gulvtæppet med det hele. Der forblev det så ikke. Macrons image havde fået mørkere toner.

Sommeren meldte sig, og parlamentet gik på sommerferie. Én ting var sikker: Når september kom, og de igen skulle træde sammen, ville man igen høre om demokrati, enevælde og moral. Når man endelig havde fået fat, var der ingen grund til at slippe.

Ægteparret Macron tog på ferie til Fort de Brégançon mellem Toulon og Marseille for der lige efter ankomst at modtage Theresa May til uformel diskussion og middag om Brexit – og om forholdet Storbritannien-Frankrig efter Brexit. Brexit var sat til marts 2019. Hård eller blød exit for Brexit? Ikke meget kom ud fra den "feriemiddag".

Den franske præsident havde i dagene forinden været i Spanien og i Portugal til en energikonference. Emmanuel Macron benyttede lejligheden til endnu en gang at præsentere sit syn på Europa, selv om det stod klart, at det var op ad bakke for netop det Europa, Macron ønskede.

Præsident Macron så tre cirkler for sig om en 10-15 år. Den store cirkel var et Europa på 27 stater. En blanding mellem EU og Europarådet og med Tyrkiet og med Rusland – Ikke nødvendigvis integreret, men for de europæiske værdier, en garanti for fred og stabilitet. Cirkel nummer to var for EU og EURO-lande – grundpillen for et fredeligt Europa med fri handel og fri bevægelighed. Endelig selve hjertet af "reaktoren", den tredje cirkel, med en hel integreret mønt og et marked – med tætte skatte- og sociale forhold. Her ville Frankrig befinde sig.

"Europas skæbne afgøres inden for de næste fem år – enten reformerer vi, eller det bliver status quo – og Europa splittes efterhånden og forsvinder."

Emmanuel Macron gav ikke op – Europa var og forblev kongstanken.

Det kunne blive til to ugers ferie – som for regeringen, hvor ministrene havde fået besked på at være disponible, ikke længere væk fra Paris end tre timer, skulle noget ske. Det skulle være muligt at kontakte den enkelte døgnet rundt. Planerne var mange, og tiden knap. Fortet lukkede sig om præsidenten – i håb om, at agurketiden var forbi, når han kom ud derfra, og Benalla-affæren begravet og glemt, og det igen kunne blive reformtid.

"Det er den slags affærer, som gør Frankrig overinteressant – og som franskmændene har en hel særlig evne og hemmelighed til at komme op med," siger Børge Visby, mangeårig Paris-korrespondent: "Ikke for ingenting kommer ordet kværulant fra fransk. Det er simpelthen en del af den franske nationalkarakter – det er *"exclusivement français"* – og det gør Frankrig uforudsigeligt!"

Det blev sagt en lattermild meget varm august eftermiddag i nærheden af Paris. Emmanuel Macron ville givet have været enig, men den august holdt han sig så langt fra pressen som muligt. Pressen havde ikke taget vel imod at blive stemplet som "ikke søgende efter sandheden". Det var dog ikke pressen, der kunne være ansvarlig for udgydelser på de sociale medier eller for at plante *Fake News* – og slet ikke, når en folkevalgt hoppede på nyheden om, at Benalla skulle have fået selveste atomkoden. Den "nyhed" stammede såmænd fra den satiriske, belgiske netavis Nordpresse. Det var en ironisk vittighed, som den seriøse presse helt reelt ikke kunne tages til indtægt for.

Præsidentens strategi om at holde sig langt væk fra pressen burde måske tages op til revision. Pressen – som befolkningen – syntes åbenlyst ikke om den meget vertikale måde at udøve jobbet på. Horisontalt var der bedre chancer for at forklare sig – som eksempelvis i en dialog. Sådan én, som Emmanuel Macron ellers altid programmerede. Det andet her lød som en Trump, kunne det læses rundt omkring i pressen.

Joh, også den fjerde statsmagt var fornærmet!

Kom maj, du søde milde!

1. maj 2018 i Paris – arbejdernes internationale kampdag og som altid også Front Nationals store dag, hvor der bliver nedlagt en krans ved statuen af nationens frelser Jeanne d'Arc, efterfulgt af en march gennem byen til Place de l'Opéra, hvor først Jean-Marie Le Pen fra 1988 svingede svingede taktstokken, derefter Marine Le Pen fra 2011.

Men denne første maj var anderledes både for arbejderne og for den Nationale Front. Med et lille trofast følge mødte Jean-Marie Le Pen op ved rytterstatuen på Place des Pyramides for at hædre sin Jeanne d'Arc, mens Marine Le Pen havde indkaldt til møde med andre ledere fra det ekstreme højre i Europa i Nice, men også fandt tid til at tage til Cannes, hvor der var en statue af Jeanne d'Arc – om end ikke så imponerende som den i Paris. Farmand Le Pen kom med en af sine vante friske bemærkninger: "Ha, der er ikke én eneste statue af Jeanne d'Arc i Nice – det er formentlig den eneste by i Frankrig, der ikke hædrer Jeanne d'Arc, så den i Cannes var den eneste, hun kunne finde dernede!"

Marine Le Pen ville markere afstanden til og udelukkelsen

af faren og hendes nye linje med Rassemblement National (National Samling) i stedet for Front National. Denne nye afdæmonisering af partiet præciserede hun i Nice i samvær med Europas mere og mere højrøstede populister. Borgmesteren i Nice, Christian Estrosi fra Republikanerne, havde protesteret mod mødet. Det fik blot Marine Le Pen til at kalde ham *un vieux gauchiste* – en gammel venstrefløjspolitiker. Mødet skulle signalere enighed i det ekstreme højre og forberede valget til Europa-Parlamentet i maj 2019, men de store navne fra Italien, Holland og Tyskland undskyldte sig. Ingen Matteo Salvini, ingen Geert Wilders, ingen fra AFD – kun repræsentanter fra omkring ti ret ekstremistiske småpartier kom til dette populistmøde i Marine Le Pens regi.

Arbejdernes kampdag skulle i Paris have samlet samtlige fagforeninger på opfordring af CGT, den stærkeste og mest højrøstede af dem. Dette skulle markere en voksende modstand mod regeringen og dens reformplaner og de riges præsident – og ikke mindst mod omlægningen af statsbanerne, der medførte en flere måneder lang strejke, også efter reformloven var vedtaget. Men også her var der mandefald. Fagforeningerne kunne ikke blive enige om at gå sammen. CFDT ville hellere gå forhandlingsvejen, andre tøvede. Det var kun CGT, der for alvor kørte løs, så resultatet blev, at tilslutningen 1. maj ikke var overvældende.

Det var til gengæld antallet af maskerede unge, der pludselig myldrede frem, slog vinduer ind, brændte biler og smadrede alt i nærheden. Politiet var overvældet og presset. 1200 unge var i flertal, kvarteret var nærmest raseret, inden det blev stoppet. 200 blev arresteret, 109 sat fast. "Det er bander fra det ekstreme højre, der står bag," mente Jean-Luc Mélenchon fra La France Insoumise. Marine Le Pen svarede straks igen: "Det er de ultra-venstreorienterede, der går totalt amok."

De unge præsenterede sig selv som tilhørende Black Bloc – en gruppering, der ifølge en 19-årig anonym studerende på stedet havde dette program: "Vi har fået nok af det kapitalistiske system, der ødelægger alt, og politiundertrykkelsen mod alle, der er imod dem. Vi vil have en radikal forandring, man skal lytte til samfundet, satse på økologien og sociale bevægelser. Vi er her, fordi situationen er apokalyptisk. I to måneder har vi søgt at få gang i banegårdene og i universiteterne, men der sker ikke noget."

Det gjorde der så til gengæld denne 1. maj, 31 butikker blev raseret, seks biler sat i brand, og der var masseanholdelser og lettere sårede betjente. Demonstrationen måtte omdirigeres og ændre rute. Derefter gik politikere og demonstranter i skarp konkurrence om at placere skylden. Politiet, regeringen havde ikke været ordentligt organiseret og forberedt – de burde have forudset, at det kunne ske. Operationsmetoden for Black Bloc er at være klædt som alle andre for så pludselig at skifte til sort, tage masker og hætter på for ikke at blive genkendt – og så gå direkte til angreb. Her gik de forrest i en af kortegerne.

"De er en slags anarkister, revolten er det vigtigste" siger politolog Olivier Roy. "Volden er deres udtryksform. Det skal være spektakulært. Dagen efter sker der ikke noget, der bliver ikke fulgt op, det er kort sagt en voldsfest – *la fête de la violence*. Det er meget individualistisk, der er ikke en organisation bag. Ungdom er også et element, de vil gerne i medierne, de opsøger, hvor de kan komme til at slå fra sig – det er vigtigt at blive set."

Emmanuel Macron var i Australien, men tweetede. "Jeg fordømmer så absolut volden, der fandt sted i dag, og som forstyrrede 1. majdemonstrationen. De skyldige vil blive fundet og straffet." Det var netop denne majdag, Macrons sikkerhedsvagt Alexandre Benalla forklædte sig som politimand og gik til angreb på demonstranter. Ingen af dem var i Black Bloc-outfit eller voldelige. Han ville hjælpe politiet, sagde han til sit forsvar. Han hjalp i hvert fald ikke Emmanuel Macron. Kritikken haglede ned.

Netop i de dage var det 50-året for en andet kendt ungdomsrevolte, nemlig Studenteroprøret i 1968. Emmanuel Macron havde forhørt sig hos Daniel Cohn-Bendit, med hvem Macron delte en del Europatanker og grønne tanker, om hvordan man kunne fejre 50-året. Svaret fra den fransk-tyske grønne politiker, der i 1968 var en af lederne i oprøret med kælenavnet Dany-le-Rouge (Røde Dany) kom prompte: "Lad være med det. Dengang var en hel anden tid – en tid, der slet ikke kan sammenlignes med i dag". Han svarede endda først med en sms på ægte Røde Dany-sprog, der helt som i 1968 var meget direkte: *"Qu'est-ce que c'est que cette idée ? Rien à cirer!"* – "Hvad i alverden er det for en idé? Hold mig helt uden for!"

Cohn-Bendit var meget begejstret for Emmanuel Macron. "Det eneste, jeg savner hos Macron, er selvforvaltning." Der var ingen nærmere udlægning af den bedømmelse, men formentlig var det en hentydning til de meget hurtige og direkte udtalelser, Macron var mester i, når hans temperament meldte sig. Man kan ellers ikke sige, at Cohn-Bendit selv holdt sig tilbage. Et spørgsmål til Macron lød: "Hvorfor lykkes det så godt for dig i Europa og så endnu ikke i Frankrig?" Macron lod ikke temperamentet løbe af med sig, men svarede – som han ofte gør: "Vær tålmodig!"

Billedet af maj '68 og betydningen af revolten er fortsat meget omdiskuteret. Sådan har det været op gennem tiden. Præsident François Mitterrand satte fænomenet på plads på sin facon – han var ikke at forglemme socialist: "En revolte fra unge katolske burgøjsere mod deres forældres hykleri. Tumper!" – "Des zozos!"

Nicolas Sarkozy var ikke langt fra at mene, at alt ondt kom fra studenteroprøret i 1968: "Maj '68 påduttede os, at moralsk og intellektuelt var alt lige – der var ingen forskel på det onde og det gode, det sande og løgnen (…) se på kapitalismens værste sider – penge frem for alt, hurtig profit, spekulation – det hele er båret af værdierne fra 68," argumenterede præsidentkandidat Sarkozy i 2007.

Præsident Charles de Gaulle havde ikke set det komme hint forår 1968 og slet ikke forstået, at det kunne tage et sådant omfang. Det var hans meget autoritære stil, som prægede hele samfundet, der var med til at få de unge til at reagere. Det ulmede på universiteterne, som helt bestemt ikke havde fulgt med tiden. Der var verden derude, der inspirerede.

"I have a Dream" – netop den drøm om et lige samfund, som Martin Luther King lagde frem, "We hold these truths to *be evident that all men are created equal"*, og som The Civil Rights Movement skulle fortsætte, var selvfølgelig også nået til Frankrig. Også her blev der sunget "We shall overcome." Frihed var ordet – i samfundet, i livsstil, i håbet om en bedre tilværelse, som det kom til at hedde i de mange kunstneriske og verbale udfoldelser, der fulgte *Il est Interdit d'Interdire* (Det er forbudt at forbyde) og *Sous les pavés, la plage* (Under brostenene ligger stranden). De brosten, der den maj måned kom til at flyve gennem gaderne.

Ét var de studerende og deres ungdomsudfoldelser, men også de intellektuelle og filmfolk skulle tilslutte sig debatterne og møderne, og de var uendelige. Kælenavnet Røde Dany fik Daniel Cohn-Bendit nok i højere grad på grund af sin rødblonde hårpragt end sit tilhørsforhold til venstrefløjen, der i øvrigt var delt i mange fragmenter: trotskister, maoister, den proletariske venstrefløj, la gauche prolétarienne, alle i modsætning til kommunisterne, der ansås for at være stalinister, revisionister, som de skulle blive kaldt og helt så autoritære, som de myndigheder ungdommen kæmpede imod for at få bedre levevilkår, studier og en fremtid med muligheder.

"Vi siger nej til klassesamfundet, fordi det nægter os den plads, vi har ret til," sagde Røde Dany. Siden den 22. marts havde han været meget aktiv på Nanterre-universitetet, der oven på demonstrationer og uro, blev lukket den 2. maj. Nanterre-universitetet var hverken helt eller halvt færdigt, de studerende var midt i en byggeplads, hvad der øgede frustrationerne. Det hele begyndt på det humanistiske fakultet, ikke det videnskabelige, fordi det var humanisterne, der stod til at kunne blive arbejdsløse. Det delte de med arbejderklassen og lidt efter lidt den maj måned, var det ikke kun universiteter og bydele som Latinerkvarteret omkring Sorbonne-universitetet, der blev lukket på grund af besættelse og gadekampe. Der blev også generalstrejke, fordi arbejderklassen nu også var med.

Generalstrejken skulle vare flere uger. Fra 6000 demonstrerende studerende, der kæmpede mod 1500 gendarmer i gaderne den 6 maj, var der d. 13. maj op mod 200.000 strejkende. Studenterne havde besat universiteterne – nu var det arbejderne, der besatte fabrikkerne under sloganet "10 år er nok" – med reference til præsident Charles de Gaulle. 18. maj strejkede 2 millioner. Fem dage senere var tallet oppe på 10 millioner, svarende til omkring to tredjedele af arbejdsstyrken. Landet stod stille. Alting stoppede. Og middelklassen begyndte at blive urolig.

24. maj klokken 20 talte præsident Charles de Gaulle endelig til folket på tv. Præsidenten lagde op til reformer, ikke mindst for universiteterne og foreslog en folkeafstemning i juni, hvor franskmændene skulle tage stilling til at give præsident og regering et mandat til fornyelse. Med præsidentens ord var der behov for en større åbning i hele samfundet. Hvis franskmændene sagde nej, ville præsidenten trække sig.

De store demonstrationer, der fulgte samme aften og natten igennem, talte for sig selv. *"Adieu, De Gaulle"*, farvel, De Gaulle, var kampråbet gennem byen. Det blev en lang og voldsom nat på barrikaderne. Krigshelten General Charles de Gaulle brød ikke igennem den majaften 1968. Budskabet blev ikke hørt, tilliden var for lille.

Den 29. maj forlod præsident De Gaulle landet. Ingen vidste, hvor han var – hverken Pompidou, hans minister-præsident eller hans nærmeste medarbejdere. Det skulle vise sig, at han var fløjet til den franske militærbase i Tyskland til Baden-Baden, hvor general Jacques Massu befandt sig. Noget tydede på, at De Gaulle var ved at kaste håndklædet i ringen.

Massu overbeviste ham om fuld støtte skulle det blive nødvendigt, men også om at blive og tage kampen op. Fra Baden-Baden indkaldte De Gaulle til ministermøde i Paris den 30. maj. Præsidenten ville da være i Paris. De Gaulle valgte at opløse nationalforsamlingen og udskrive valg til d. 23. juni. Han beordrede alle tilbage til arbejdspladserne. Hvis ikke det skete, ville han sætte landet i undtagelsestilstand – ifølge paragraf 16 i Forfatningen – og overtage magten helt og fuldt. Meddelelsen kom i en kort præcis radiotale med formuleringer i bedste General De Gaulle-stil, der ikke var til at misforstå. *"Je ne me retirai pas!"* – Jeg træder ikke tilbage! Den bebudede folkeafstemning – vel et slags tillidsvotum til præsidenten – blev udsat på ubestemt tid.

Ledet af ministrene André Malraux, Michel Debré og Maurice Schumann begyndte en spontan march fra Place de la Concorde op ad Champs-Elysées op til Etoile – under til-råbene: *"La France au travail!"* – Frankrig tilbage til arbejdet! *"De Gaulle n'est pas seul!"* – De Gaulle står ikke alene! *"A bas l'anarchie!"* Ned med anarkiet! *"Le communisme ne passera pas!"* Kommunismen vinder ikke.

Det skulle blive en af de største marcher på Champs-

Elysées og bragte tankerne tilbage til den dag i 1944, da general Charles de Gaulle d. 26. august vendte tilbage til det befriede Paris og selv til fods gik ned ad "verdens smukkeste avenue" for at hylde pariserne og franskmændene og *La France Eternelle*, det evige Frankrig, som han selv udtrykte det den dag i 1944.

Fagforeningerne havde fra den 24 maj været i forhandlinger med ministerpræsident Georges Pompidou og havde ved Grenelle-aftalerne af 27. maj 1968, *les Accords de Grenelle*, opnået en 35 % stigning af mindstelønnen, 10 % lønforhøjelse og løfte om bedre arbejdsforhold. CGT, den stærke kommunistiske fagforening, sagde ja til valget. Det var ikke alle arbejdere på de besatte fabrikker, der opgav her og nu, de var fortsat i debat med de studerende på det også stadig besatte Sorbonne-universitet, men lidt efter lidt blev der gearet ned. Gemytterne blev dæmpet. 16. juni kunne politiet tage det besatte Sorbonne-universitet tilbage. Det betød ikke, at de studerende opgav – kampen flyttede blot bort fra gaden.

Da valget kom d. 23. juni, blev det en overvældende sejr til Gaullisterne. 353 ud af 468 mulige pladser i Nationalforsamlingen. *Moi ou le déluge*-konceptet – Mig eller kaos – havde virket – Frankrig havde oplevet faderskikkelsen pludselig ikke var der – og havde nu svaret igen med valgresultatet.

Præsident Charles de Gaulle var alligevel skuffet. Han følte, at han havde mistet grebet. Han moderniserede Frankrig efter krigen og genoprettede landet – og nu ville de bare af med ham. Mere eller mindre i trods valgte han i 1969 at udskrive en folkeafstemning om regionerne. Det handlede om decentralisering – en omlægning af regioner og af Senatet. Folkeafstemninger er ofte tricky, De Gaulle tabte sin udfordring. Præsidenten trådte tilbage, og ministerpræsident Georges Pompidou trådte til. Anderledes jovial og rund end De Gaulle – og også manden, der havde forhandlet med fagforeningerne under de anspændte majdage, de fagforeninger, der i øvrigt selv havde været bange for at miste indflydelse.

Hele oprøret var sket spontant uden om fagforeningerne. Arbejderne havde ønsket langt mere indflydelse på deres arbejde, de havde prøvet selv at overtage fabrikker. Det handlede ikke kun om mindstelønnen, der kom op med 35 %, hvilket kunne tyde på, at den havde været helt i bund. Ej heller handlede det om 10 % mere i løn, løfter om nedsættelse af arbejdstid og garanti for repræsentation af fagforeninger på arbejdspladserne. Alt dette afslørede, at regeringen var presset, men for den enkelte havde det også handlet om mindre hierarki og om en anden værdimåler, hvor den enkelte var mere involveret og derfor også havde større ansvar og engagement.

Det var ovre lige så umærkeligt, som det var opstået spontant, men det forsvandt ikke, det satte sig spor. Et var, at gaullisterne politisk fortsatte som før, men samfundsmæssigt, socialt forblev det *"a stream of consciousness"*, en bevidsthed om eksistens, en måde at leve på, om fri vilje – og om at opdage, at verdenen var tæt på og havde indflydelse på ens liv, lige som den kunne udforskes og kunne berige i al sin mangfoldig.

Krigen i Algeriet havde fra 1954 til 1962 sat sine blodige spor og vedblev med at gøre det. Vietnam-krigen betød exit for Frankrig, indtog for USA. My Lai-massakren fandt sted den 16. marts 1968. Et andet indtog, nemlig sovjetiske troppers rullen hen over det politiske forår i Prag, ramte den 20. august 1968, og det ikke kun i sin "ulidelige lethed". Che Guevara var længere væk, men ikke i revolten og slet ikke mordet på ham den 9. oktober 1967 i Bolivia. Helt tæt på var attentatforsøget mod Rudi Dutschke i Berlin d. 11. april 1968, og ikke mindst var der mordet på Martin Luther King den 4. april 1968. Det hele foregik i en understrøm af bevidsthed om, at der skulle kæmpes for en bedre verden. De unge tog verden ind, i musikken, i litteraturen, i dansen, i filmens verden. I livsstil.

Præsident Georges Pompidou tog over efter De Gaulle i 1969. Nye store reformer fulgte med præsident Valéry Giscard d'Estaing allerede fra 1974. Nogle af kravene, der nu blev gennemført, havde adressen 68 på ryggen. Abort blev gennemført – ikke mindst takket været Simone Veils stædige kamp – og også de modige kvinder, der i 1971 turde stå frem og sige, "jeg har fået en abort". 343 kendte kvinder, blandt dem skuespillere og forfattere, gjorde det i Manifeste des 343 – som blev trykt i nyhedsmagasinet Nouvel Observateur – vel vidende, at de kunne blive retsforfulgt.

Myndighedsalderen blev fremover 18 år. Bedre dialog, mindre hierarki og mindre autoritære forhold, som det hed, blev lovet.

Giscard d'Estaing var en meget ung præsident, da han kom til i 1974. Han slog sig op ved netop at understrege, at han kun havde været 36, da han begyndte som finansminister i 1962 i Georges Pompidou-regeringen under præsident Charles de Gaulle. Nu var han selv præsident som 48-årig. Da unge Giscard kom til, startede han sin tid i Elysée-palæet med at spise morgenmad med skraldemændene – og fotografer naturligvis – det var dog en engangsfornøjelse. Frankrig stemte fortsat på gaullisterne – til den dag i maj 1981, hvor Valéry Giscard d'Estaing fornærmet forlod Elysée-palæet og efterlod en tom stol foran kameraet efter en kort tale.

François Mitterrand og socialisterne rykkede ind i Elysée-palæet. Her var det kulturminister Jack Lang, der blev sat til at satse på ungdommen. Han indførte la Fête de la Musique, musikkens fest, hvert år ved solhverv den 21. juni. Det var Langs måde til at sige tak til 1968 – fra Bob Dylan, Joan Baez og Californien til Paris handlede det om musikalitet.

I 1968 og 1981 og fremover har mangen en politiker været tonedøv. Andre har fløjet højt på netop denne evne til musikalitet, til at fornemme tidsånden. Ingen har dog glemt Charles de Gaulle. Forsvandt han som en skuffet mand, så er den Femte Republik stadig hans værk – hans afspejling af, hvordan magt fordeles, regeringen regerer, dommerne dømmer, og præsidenten svæver over vandene. En præsident med magt – helt i De Gaulles ånd.

"På sin vis styrkede oprøret i '68 magten på kort sigt. Gaullisterne sad fast i sadlen. Alligevel fik 68 fremover indflydelse, det var et oprør netop mod den koncentrerede magt, oppositionens manglende indflydelse og den stærke præsident," siger historikeren Jean Garrigues til avisen La Dépêche, "De Gaulle måtte som bekendt gå af året efter, men oprøret havde smittet af og lidt efter lidt blev krav fra dengang indført."

"Emmanuel Macron er en post-68-præsident. Han er på en gang tæt på 68 med sit engagement for kvinders rettigheder og ligestilling og for homoseksuelles rettigheder – alt det, som også var kongstanker i 68. Macron blev også valgt med en base af aktiv demokratisk deltagelse gennem hans bevægelse En Marche – endnu en 68-idé med aktiv deltagelse og nye idéer. Men ved magten må det siges, at han er tæt på De Gaulle med en ret autoritær præsidentstil."

"Oprøret var et ungdomsoprør og jo ikke kun i Frankrig. Det var den unge generation verden over fra USA til Europa og på baggrund af en fremgangstid. De unge reagerede spontant – de tænkte ikke på, hvad de kunne sætte over styr. De ville en bedre verden, en anti-kapitalistisk, anti-imperialistisk, anti-autoritær ny verden. De ville gøre op med de gamle systemer. Ungdommen i dag tænker på deres fremtid, deres sociale placering, de har accepteret det liberale samfundssyn og konkurrencementaliteten. De har ikke mod på at bryde med systemet og gøre oprør, revolter koster. Dertil kommer, at Emmanuel Macron ikke kun er "de riges præsident" – det er mere indviklet end som så, han er også en masse andet, og derfor er det svært at skabe en samlet utilfredshed mod ham. Han er ikke som dengang i '68 et fossil, en fjern præsident, man kollektivt kan gå imod. Han er ny, og derfor er det svært at få samlet utilfredsheden imod ham, selv om han bestemt ikke selv har nogen komplekser med at overtage koderne fra De Gaulle."

I 50-året for ungdomsoprøret i 1968 blev der gjort mangen et forsøg på at erindre og analysere – og også forsøg på en gentagelse. Universiteter var besat af studenter i protest mod ny reform. Det varede ikke over tre uger, og barrikader blev stort set fjernet i mindelighed. Demonstrationer mod Macron og hans planer, hvor La France Insoumise ved Jean-Luc Mélenchon især opfordrede ungdommen til at gå på gaderne, som de havde været præsente på universiteterne, fik heller ikke det store omfang. Der var intet, der kunne sammenlignes med maj for 50 år siden. Fagforeningen CGT og La France Insoumise indkaldte til fælles demonstration, hvilket var nyt – normalt var det de politiske partier for sig og fagforeningerne for sig. Det skabte murren inden for CGT, den gamle kommunistiske fagforening. Det blev set som et svaghedstegn fra lederen Philippe Martinez side. De andre store fagforeninger CFDT og FO meddelte straks, at de ikke deltog. Det samme gjorde PS, socialistpartiet. Mélenchon svarede straks, at han forventede *une marée humaine* – en menneskelig flodbølge af demonstranter. Alle mod Macron – en samlet venstrefløj.

Da dagen kom, demonstrerede Mélenchon i Marseille og Martinez i Paris. Flodbølgen udeblev, det gjorde volden heldigvis også. Som vanligt var man ikke enige om antallet. CGT mente, at der var 80.000 demonstranter i Paris, politiet sagde 20.000 og et uafhængigt bureau, Occurrence, pressen benyttede sig af, angav 31.700. På landsplan mente CGT, at der var 250.000, indenrigsministeriet 93.315.

Maj '68 havde også været opgøret med kommunismen/marxismen – nærmere betegnet med stalinismen og med arbejdslejre og deportationer, som det dengang stærke franske kommunistparti og en del af de intellektuelle havde været alt for længe om at opdage og afsløre. Det havde skilt Camus og Sartre og brudt deres venskab allerede i 1951. Med 1968 kom kampen mod det totalitære for alvor – og det blev taget op af de såkaldte nye filosoffer som Bernard-Henri Lévy og André Glucksmann.

Forfatteren Hélène Bleskine var med i 68 – som ung studerende og det både på barrikaderne, på de besatte universiteter og også på den besatte Renault-fabrik blandt arbejderne. Bleskine skrev romanen 'L'Espoir Gravé' – det indgraverede håb om tiden dengang.

"Én ting er blevet tilbage – jeg mærker rent intuitivt, når noget nærmer sig det totalitære. Jeg ved det bare fra dengang, fordi jeg levede i de ekstreme miljøer. Revolution gør ondt. Jeg forstår godt, de unge holder sig tilbage – det er en helt anden tid. Vi er ikke gamle krigsveteraner, der skal lære de unge noget. Historien gentager sig ikke, der er ikke en repetition, der er kun et ekko. Man kan sige, at 1968 mindede om 1936 – men det ER ikke det samme. Enhver generation må finde sin egen revolte, den kan ikke gives videre. Klimaet nu er ikke venligt. Fronterne skærpes, der er så utrolig megen hadefuld tale – det nærmer sig det fordømmende totalitære."

Hélène sender et hurtigt smil. "Dengang er stadig lidt af et mysterium for mig. Jeg husker de måneder med stor veneration. Det var et tidsfænomen, klart, så heldige var vi."

"Når jeg tænker tilbage, var de måneder lette, muntre, tæt på folk, fulde af følelser. Det var som en side i historien blev vendt, det var friheden, det var den ubekymrede lethed, det var ungdommen, der brød med fortiden, dørene blev åbnede, verden var vores. Mulighederne var uendelige. Det var fuldt af kærlighed og håb. Det var i den grad en fornyelse."

Daniel Cohn-Bendit stod også totalt af, når han i maj 2018 gang på gang blev udfrittet om besættelse af universiteter, demonstrationer og kritik af præsident Emmanuel Macrons vertikale styreform og den Femte Republiks monarkistiske tilbøjeligheder – og så det obligatoriske spørgsmål om et nyt 1968 i 2018.

"Der er ingen sammenligning, dengang troede vi på fremtiden, vi troede på, vi havde ret og fat i den lange ende om en bedre verden, sådan er det ikke i dag. Vi sagde dengang, vi kan styre vores eget liv, og I vil pådutte os en verden, der ikke er vores. Vi var ikke bange, i dag er de unge bange, de tror ikke på fremtiden. Men ingen kamp er forgæves," tilføjede Dany le Rouge med det drengede smil, der aldrig har forladt ham.

Maj er også måneden for Cannes-festivalen, det har det været siden 1946. Festivalen var med andre ord en ung kvinde med livsmod, da oprøret var i gang i 1968. Man kan ikke rigtig forestille sig den glamourøse festival være blevet glemt i en tidslomme, men i 2018, da festivalen så ikke fyldte 50, men 72, var det alligevel som om, noget ikke rigtigt havde fungeret hen over alle årene.

I maj 1968 havde festivalen været i gang i en uge, da der blev indkaldt til pressemøde, og filminstruktørerne François Truffaut og Jean-Luc Godard tog ordet. Der kunne ikke være tale om, at festivalen kunne fortsætte, og man bare lod som ingenting, mens studenter og arbejdere kæmpede og protesterede i Paris. Festivalen burde være solidarisk. "Der er ikke én film her, der taler om problemerne, vi er håbløst bagefter," tilføjede Godard, "vi kan ikke bare lade som ingenting."

"Vi bør lukke ned her og nu," sekunderede Truffaut. Polanski hvæsede noget om "stalinister", han var i Cannes som jurymedlem med sin nye kone Sharon Tate. Aftalen blev én sidste film den aften – derefter slut.

Instruktøren Carlos Saura var, inden tæppet skulle gå, blevet smittet af stemningen og ville ikke længere have filmen vist. Det meddelte han fra scenen, hvor han stod sammen med skuespillerinden Geraldine Chaplin, der medvirkede i hans film 'Peppermint Frappé', som ellers skulle vises den aften. Håndgemæng brød ud i biografens mørke, og rygtet gik, at Geraldine Chaplin mistede en tand, da en mand ved en fejl ramte hende. Oprøret havde nået Cannes.

12. maj 2018 var oprøret tilbage – i bedste 1968-stil. Den dag gik 82 kvinder – skuespillerinder, instruktører og producenter – samlet for at kræve det simple, der for længst stod i loven, men ikke blev effektueret: Lige løn for lige arbejde. En kort tale blev holdt af australske juryformand Cate Blanchett og af Agnès Varda, verdenskendt fransk instruktør. Siden festivalstarten i 1946 havde 82 kvinder været indstillet til Guldpalmen – og 1688 mænd. 71 mænd havde vundet, kun to kvinder. Festivalen havde dog her i 2018 været forudseende og valgt fem kvinder og fire mænd til juryen – kvinderne i flertal og en kvinde som juryformand – det var nyt!

Siger man #MeToo og Weinstein, hænger det sammen. Som i 1968 var inspirationen kommet ude fra, denne gang fra voldtægtsbeskyldninger og seksuel udnyttelse. Hollywoodmogulen Weinstein havde åbenbart stillet helt egne betingelser til kvinder, hvis de ville frem i hans regi, og det havde ikke så meget med selve arbejdet at gøre. Mange i Hollywood vidste, hvad der skete, men ingen havde åbenbart turdet røre manden.

Det skulle brede sig som ringe i vandet verden over. I Frankrig blev #MeToo til "#Balance Ton Porc" – "Afslør Dit Svin" – og det var der mange, der gjorde. For mange, mente 100 prominente kvinder, som skrev et åbent brev i avisen Le Monde. "Voldtægt er en forbrydelse, en insisterende eller kejtet flirt er ikke en forbrydelse, galanteri er ikke et macho-angreb." Kvinderne mente med andre ord, at det var ved at gå over gevind. Seksuelle ydelser som krav for karrierefremskridt og ikke lige løn, var de selvfølgelig imod, men kvinderne kunne da gøre noget selv i stedet for at spille de evige ofre, det var ved at udvikle sig til den rene puritanisme.

De sociale medier gik totalt amok – og skuespillerinden Cathérine Deneuve, der var medunderskriver, var den, der kom i klemme som en af de verdenskendte repræsentanter blandt de 100. "Vi forsvarer en frihed til at være påtrængende, uundværlig for den seksuelle frihed." – "Nous défendons une liberté d'importuner, indispensable pour la liberté sexuelle." Der skulle være plads til flirt, spillet mellem kønnene måtte ikke forsvinde.

Cathérine Deneuve måtte til sidst ud at undskylde. Egentlig havde hun stort set bare villet forsvare sin gamle ven Roman Polanski, der nu i en alder af 84 stadig ikke kunne tage til USA. Han havde en over 40 år gammel retssag hængende over hovedet om sex med en mindreårig. Polanski var dengang flygtet fra USA og boede nu i Paris. Og netop i Paris, inspireret af #MeToo og Afslør Dit Svin-kampagnerne, var protesterne omfattende, da Cinemateket i Paris ville hædre manden og hans film, hvilket forargede Cathérine Deneuve og fik hende til at reagere. Nok var nok. Det var en utidig sammenblanding af mandens opførsel og hans værk, mente hun.

Der blev ikke lagt fingre imellem på nettet. "Hvide rige kvinder, der ikke kendte til, hvad der skete på gaderne og i metroen af befamlinger og det, der var værre!" Cathérine Deneuve var så tydeligt af en anden generation, ligesom de fleste af de andre 100 kvinder, lød dommen. Mange navne cirkulerede i #Afslør Dit Svin og #MeToo-regi, blandt dem også filminstruktører og ministre. De fleste mente, at det nu var godt at få luftet ud. Den franske kvindes vej til en form for ligestilling havde været lang og trang.

Charles de Gaulle gav kvinderne stemmeret i 1944. Danske kvinder kunne bryste sig med stemmeret allerede fra 1915. Frem til 1965 kunne en fransk mand modsætte sig, at hans kone tog arbejde eller åbnede en bankkonto. Det afhang af hans tilladelse. Først i 1970 blev der indført fælles forældre-rettigheder, indtil da havde manden været familiens overho-ved. Først i 1967 blev prævention muligt, lovlig abort måtte vente til 1975.

"Ja, Frankrig har været længe om det," senator Fabienne Keller slår ud med armene, "derfor er det også herligt, at der nu bliver talt frit. Der er stadig et stærkt hierarki, hvor det er manden, der bestemmer på arbejdspladsen, og kvinden har ikke kunnet sige noget, gjorde hun det, så var hun færdig rent karrieremæssigt. Nu tror jeg, der er en chance for at få en bedre ligevægt."

Emmanuel Macron gjorde ligestilling til en absolut prioritet og oprettede under ministerpræsidenten et statssekretariat for Lighed mellem mænd og Kvinder, Egalité entre les femmes et les hommes, som fik en meget aktiv og allestedsnærværende statssekretær Marlène Schiappa, der konstant lod høre fra sig. Ikke færre end 50 lovforslag blev præsenteret.

På papiret burde der siden 1988 have været lige mange mænd og kvinder opstillet for de politiske partier, men foreløbig var det kun lykkedes for République en Marche ved Nationalforsamlingsvalget i 2017. Her var der faktisk flere kvinder end mænd. Nationalforsamlingen var blevet helt anderledes feminiseret – 245 kvinder og 332 mænd var nu valgt.

Regeringen satsede på lige mange mænd og kvinder. Det blev til otte kvinder og otte mænd på ministerposter samt seks kvinder og seks mænd som statssekretærer. Blandt Emmanuel Macrons nærmeste rådgivere skulle man dog kigge længere for at få øje på en kvinde – faktisk kun en ud af de 11 nærmeste.

Der var også love nedfældet om mindst 40 % kvinder i bestyrelserne i privatindustrien, men her – som mange andre steder – fungerede *The Old Boys' Network* tilsyneladende fortræffeligt. Kvinderne var højtuddannede og aktive, men kun fire ud af ti firmaer var i stand til at finde 40 % kvinder til bestyrelserne. Kvinder sad kun på 17 % af direktørstillingerne, og når det gjaldt topmanagement kun på 10 %. Dog var 42 % af lederstillingerne besat af kvinder.

Emmanuel Macron kaldte lanceringen af kvindekampagnen for *une cause nationale*, en national sag.

Blandt de mange lovforslag, der skulle vise, at det nu var alvor, var et, som fra 1. januar 2019 ville sikre offentliggørelse af navnene på firmaer på over 250 medarbejdere, der ikke havde kunnet finde ud af at give mænd og kvinder lige løn. Virksomhederne fik tre år til at rette op på sagerne, derefter vankede der bøder. Fra 2020 kom turen til firmaer med 50-250 ansatte. I snit tjente kvinder 9 % mindre end mænd for det samme arbejde. Loven om lige løn havde eksisteret siden 1973. Besøg fra arbejdstilsynet ville stige fra 1730 om året til 7000.

Seksuelle krænkelser – det være sig i metro eller på gaden – ville udløse bøder fra 90 til 700 euros – og til betaling på stedet. Politiet ville kunne indkassere.

Begge forslag var under behandling i Parlamentet med udsigt til at blive accepteret – dog formentlig i revideret udgave. Fagforeningerne havde været taget med på råd, inden man var kommet så langt.

Emmanuel Macron var ikke ene mand på banen. Nu meldte bevægelsen #WeToo sig, lanceret af den ny direktør for magasinet Nouvel Magazine Littéraire, Raphaël Glucksmann – med andre ord mændene for kvindernes sag.

"Vi er fortsat i et meget patriarkalsk land. Det gennemsyrer hele samfundet med udgangspunkt i institutionerne i den Femte Republik. Det er vertikalt – det handler kort sagt om magt. Vi har autoritetskulten og mandekulten, *le culte de l'homme et de l'autorité*. Det afspejler sig naturligvis i forholdet mellem mænd og kvinder. Derfor er der brug for de sociale bevægelser, vi ser nu med #MeToo og #BalanceTonPorc, ligesom vi så i '68, for ellers sker der ikke noget. '68 fik sådant et omfang hos os, fordi vi var meget mere lukkede og stivnede end landene omkring os. Det gælder fortsat arbejdsmarkedet, forholdet mellem chef og ansat, og skolen – det vertikale system – magtsystemet er over alt. Tag de forskellige politiske partier og deres ungdomsbevægelser. De holder flotte taler om lighed, men kig så engang på magtfordelingen inden for eksempelvis de unge socialister – hvem sidder på alle de attraktive poster?"

"Der var ikke mange mænd, der støttede os, da vi sagde #WeToo. Her i landet bevæger vi os ikke uden konflikter. Frankrig skal have sin "revolutionsforestilling" – uden den kommer vi ikke fremad. Nu har kvinderne sat gang i "revolutionen", men kun de velbjærgede kvinder. Når kendte skuespillere har været udsat for pression fra det mandlige hierarki, hvordan er det så ikke for kvinderne i supermarkedet, der ikke har råd til at blive fyret? Der er lang vej igen."

Raphaël Glucksmann sad der med en kæmpeforkølelse, stort halstørklæde med sin nye direktørtitel og med bøger og tidsskrifter over alt i de små lokaler i det 2. arrondissement i det indre Paris, hvor intellektuelle gerne fortsat vil holde til. Han lignede og udtrykte sig som en 68'er. Raphaêl var så helt klart sin fars søn. Faren var filosoffen André, der gjorde Gulag og bekæmpelsen af samme til sin mission. Han var dog en noget brysk herre på sin vej fra det yderste venstre til langt ind på højrefløjen, altid mod det totalitære og for forfulgte fra de vietnamesiske bådflygtninge til tjetjenernes kamp. Raphaël sagde helt enkelt, da hans far døde: "Jeg har mistet min første og bedste ven." Smilene flyver lettere hos Raphaël selv midt i forkølelsen.

"Hvor er de intellektuelle? – det evige spørgsmål, hver gang, der sker en ændring eller et skifte i Frankrig. Præsidenten formodes at være den frelsende, der klarer alle problemer – men så sandelig også de intellektuelle, debatten står øverst, når der skal findes svar. Hvor er de?"

"Jeg vil snarere spørge, hvor er politikerne, der er overhovedet ingen opposition i det her land, de er bare lagt ned og forsvundet."

Skævt smil: "Jeg forsøger at tale uden om."

Det har jeg SLET ikke bemærket – de intellektuelle?

"Ok, det har været sådan, at intellektuel ville sige at være til venstre, at sige *intellectuel de gauche* var en pleonasme, for en intellektuel kunne kun være på venstrefløjen. Så har vi haft over 10 år med en Alain Finkelkraut og en Eric Zemmour med deres indadvendthed og deres had til multikulturalismen, så der er vel bare at sige, problemet ligger hos venstrefløjen selv."

"Hvor er de nye ideer? Venstrefløjen tabte tillid ved at være ved magten. Det er en krise, en alvorlig krise. Venstrefløjens nederlag er ideernes nederlag. De store intellektuelle kommer ikke tilbage, det er simpelt hen sket med de sociale medier. Det handler kort sagt om at starte forfra, simpelt hen fra nul. Det handler om igen at mødes med folk, finde gaden igen, steder at mødes for at debattere i al offentlighed, skabe kollektive eventyr."

Ikke for ingenting havde det første nummer af magasinet under den nye direktør sit helt eget manifest:

"Det er nu, vi skal vende blad. Det er tid til at åbne dørene og vinduerne (…) tid til at finde hinanden og bygge et fælles hus. Lad os finde ordene, ideerne, billederne, der kan ændre verden."

Hvad mener han personligt selv, man skal gøre?

"Det er vigtigt at have et projekt – vi skal give mening til et demokratisk Europa. Verdenen styrer mere og mere mod individualismen med et markedskoncept. Folk forstår det ikke, de føler sig fortabte, og de bliver bange. Kan vi ikke det, så bliver det til angst, xenofobi og populisme. Det er vores rolle at finde en modvægt mod den farlige diskurs. Vi skal finde det fælles – i Europa."

Europa er også Macrons kongstanke?

"Jeg er ikke religiøs – nærmest ateistisk (stort smil) i forhold til Macronismen – med andre ord, jeg venter og ser, hvad der sker. Han vandt over nationalismen – bravo! Han er ung, han er fuld af håb, og det giver han videre. Han har spillet sit eget – det meget individualistiske – kort, og han har vundet stort. Kan han også spille det kollektive kort? Hans opskrifter er ret så liberale. Jeg er tilhænger af hans Europa-ideer – det er straks langt vanskeligere med resten, der stiller jeg mig tvivlende. Han vil reformere Frankrig, han er ung, og så vælger han efter valget at gå sejrsgang med Louvre som baggrund – helt alene. Det er Jupiter, vi er tilbage i det vertikale. Positivt vil jeg sige, han er ikke xenofob – for han er individualist. Han er meget plastisk i sin politik og intellektuelt meget smidig."

Da årsdagen kom for Emmanuel Macrons indsættelse d. 7. maj 2017, blev alt vejet og målt for og imod, og den maj måned så ud som et vendepunkt for euforien og magien, der opstod med hans uventede sejr. Alle havde bestemt ikke været med ham, men det udelukkede ikke de store forventninger til ham – de utroligt store forventninger om Frelseren, *l'homme providentiel,* den almægtige chef i Elysée-palæet, der klarer alt. En myte naturligvis, men forankret i den Femte Republiks magtkultur. Præsidenten selv lod sig igen interviewe og var måske den, der sagde det klarest.

"Tyngden ligger i forventningerne, i de krav, man føler, folk har. Og det melder sig uigenkaldeligt den allerførste aften. *C'est la fin de l'innocence,* det er slut med uskylden."

Og så kom en mere filosofisk erkendelse:

"Man skal ikke forvente kærlighed tilbage. Det er det utaknemmelige ved denne funktion. Man skal aldrig søge efter at blive elsket, for i det øjeblik bliver man gidsel. *On devient l'otage.*"

Med andre ord: Det handler om at stå fast og følge sin plan. Denne maj måned var heller ikke med verden som helhed. Problemerne tårnede sig op. Præsident Trump trak sig fra Iranaftalen d. 8. maj, spændingerne voksede, der var optakt til handelskrig og til uro i det politiske Europa, og der var migrantpresset, som ingen kunne eller ville give svar på. Kort sagt uskylden var røget, der var kun at styre lige frem – vel vidende, at det kan man ikke alene.

"Franskmændene er kritiske, meget kritiske. Det skal dog

siges, at de har flyttet sig. Nu er de overbeviste om, at der skal reformer til, og man må sige, at reformer – det er, hvad Macron ønsker at levere. Ja, der vil være strejker og demonstrationer fremover, det er vores revolutionære kultur, vores fornøjelse, det hører med til den fransk-franske mytologi, "hvor er det herligt sammen at vandre af sted i sol og regn i demonstrationen, det er den sociale følelse, de sympatiske strejkende," småler Pascal Perrineau. "Macron siger nu: Jeg anerkender revolten, men jeg holder fast, Frankrig skal tilpasse sig verdenen, som den er, og ikke som vi drømmer om, at den skal være. Han mener det."

"Op gennem 50'erne, 60'erne, 70'erne, 80'erne og 90erne og fremover har der altid været en opposition mod regeringen. I dag er der ingen! Fire partier, der ikke kan finde ud af at stå sammen, La France Insoumise, Socialisterne, Rassemblement National (tidligere Front National) og Republikanerne. Det er nyt – og derfor kan ingen af dem for alvor kapitalisere på den sociale uro. Emmanuel Macron vil selvfølgelig også blive slidt, han falder i meningsmålingerne, men alt i alt har han ligget stabilt – bedre end sine forgængere Sarkozy og Hollande gjorde det på samme tidspunkt i deres præsidentperiode."

I sommeren 2018 gjorde oppositionen et ivrigt forsøg på at stå sammen i Benalla sagen for at ramme Emmanuel Macron og hans enerådige tendenser og for at lægge op til et hedt efterår med forsøg på blokeringer af de mange og vigtige reformer. Efteråret skulle blive hedt. Men et egentligt samarbejde – bortset fra enigheden om at være imod – var der ikke tale om.

Samtidig voksede Emmanuel Macrons betydning i omverdenen – i forhold til EU, i forhold til Iran – og hermed Mellemøsten og Syrien – i forhold til Tyrkiet, i forhold til Afrika, i forhold til Kina – og naturligvis i forhold til USA. Frankrig ville efter Brexit være det eneste land i Europa med en atomslagstyrke, det vil sige afgørende militær kapacitet, Frankrig var fortsat fast medlem af Sikkerhedsrådet – og dog var Frankrig ikke en stormagt.

Emmanuel Macrons stjernestatus hang i allerhøjeste grad sammen med hans *willingness*. Macron stillede op, Macron blandede sig, Macron havde en overbevisning, Macron havde idéer, Macron var konstant på banen – og det på et tidspunkt, hvor geopolitik, gamle mønstre og truende nye, fik mangen en velmenende person/politiker/statsmand til at holde sig i baggrunden for at se, hvad der mon nu ville ske.

Ikke Emmanuel! 14 dages ferie på fortet i Brégançon og ikke én dag uden en samtale med en eller flere statsledere og det fra verden over – og ikke de nemmeste af slagsen så som Erdogan, Donald Trump, Putin for nu kun at nævne de mest kendte. Verden kunne ikke lukkes ude – og heller ikke Europa. Der var lange forhandlinger med Malta om at tage imod skibet Aquarius, der nu i august, som i juni var tilbage med denne gang 141 migranter, og igen ikke kunne få lov til at gå i havn noget sted. Det blev Malta – og Frankrig tog 60 af de ombordværende. Europa havde langt fra styr på flygtninge-, asyl- og migrantsituationen. Et opgør kunne snart komme og senest ved valget til Europa-Parlamentet i maj 2019.

Parret Macron kom ud fra fortet en eftermiddag for *le bain de foule* – "bad i mængden", som det kan oversættes med andre ord. En kort snak med goddag, goddag og ingen generende spørgsmål – rene billeder og kommunikation for at understrege, at Jupiter bare er Emmanuel, og Brigitte bare er Emmanuels kone Brigitte, og nu ville de da bare sige hej.

Emmanuel var ærligheden selv. Han foretrækker et havbad tusind gange for en tur i et svømmebassin. Hvem gør ikke det? Men det havde været et stort presseemne i månederne forinden, at samme Emmanuel absolut skulle have *une piscine* – et svømmebassin på fortet til 34.000 euro. For at undgå at blive fotograferet på den lille strand neden for fortet, som ikke er uden for paparazzi-rækkevidde og heller ikke uden for rækkevidde for andre almindelige dødelige. François Hollande havde der gjort nogle bitre erfaringer. Jacques Chirac var så uheldig at stille sig ud på en lille balkon en tidlig morgen på Fortet in natura. En ret flot mand, men hans datter Claude Chirac tog affære. Det kunne man i de gode gamle dage, så det billede blev aldrig publiceret. Fort Brégancon havde aldrig været populært blandt præsidenterne.

Ferierende badegæst eller Jupiter fra det høje? Hvor og hvordan kunne Emmanuel Macron trænge igennem til franskmændene? De ville på én gang have et menneske, der følte med dem og var tæt på dem – og så alfaderen, der tog ansvar for alt, gennemførte alt. Og de ville have det hele intakt.

Franskmændene elskede *l'ETAT* – staten, der tog sig af sundhed, skole, alderdom – og nu kom han her og ville pille ved det hele, vende det på hovedet og lave et nyt system, der skulle være så og så effektivt. Han druknede dem i reformer

– som var det en strategi, der skulle overvælde dem, så de til sidst sagde ja og amen. Der var god grund til at være skeptisk, forlød det mand og mand imellem, vidste han selv, om det kom til at fungere? Man kunne have sin tvivl.

"Frankrig har allerede ændret sig. Skal vi sige, han har ændret Frankrig," foreslår Pascal Perrineau.

"Partierne og politikerne blev gamle og slidte, utroligt gamle, de smeltede nærmest ned. Hvad enten Emmanuel Macron lykkes med sit projekt eller ej, så vil der fremover eksistere følelsen af, at et radikalt skifte ER muligt."

"Skulle det ikke lykkes, vil vi vil blive ramt af sort pessimisme. Europa kan gå hen og blive opløst, nationalisterne får indtog. Hos Macron er der i det mindste håb. Han har forstået at give det indtryk, at det var muligt at ændre det politiske landskab. Man kan lide ham eller ikke lide ham – men dygtig er han."

Så vidt vides nåede Emmanuel Macron aldrig at få sit havbad. Menneskebade derimod ventede forude – også i Danmark. Overskriften var 'Europa'.

Og Europa blev det. Forføreren Emmanuel Macron fortalte i august 2018 danskerne, hvor europæiske de var, hvor meget de i eget land havde nået. Hvor meget de havde at byde på. De manglede bare at reklamere for det og føre sig frem. Janteloven – i fri oversættelse – "du skal ikke tro, du er noget" – havde vi for længst lagt bag os. Nu hed det "Yes, we can", og det handlede om at få fortalt omverdenen, at sådan er det. Alle blev charmerede, Macron-magien charmerede kongehuset, ministre, forretningsfolk og ikke mindst 600 studerende, der endda måtte vente i over en time, før idolet nåede frem til Dronningesalen i Den Sorte Diamant. Klapsalver og råb brød spontant ud. Macron var i sit es.

Samme morgen havde en grådkvalt miljøminister i Paris for åben mikrofon og kamera kl. 8.20 meddelt, at han nu gik af. Han var årsag til forsinkelsen. Nicolas Hulot – inkarneret tv-personlighed, miljøaktivist og regeringens mest populære mand – stod af. Hermed var det stort set slut for Danmarks aura i fransk presse. Det hele handlede om miljøet. Nicolas Hulot mente, der burde gøres meget mere for miljøet. Præsident Macron takkede ham for hans store indsats, da han i København – i udlandet – blev spurgt om Hulot og hans bratte afgang. Dagen efter skulle Danmark dog igen komme tilbage på radaren, da præsident Macron under en tale ved en reception til ære for Dronningen kom med en lille indskudt sætning: "Dette lutheranske folk, der har gennemgået reformer de seneste år ligner ikke den genstridige galler, der ikke er til reformer." Ingen i det stopfyldte Skuespilhuset lagde mærke til den indskudte sætning, men inden dagen hin 29. august 2018 var blevet mange timer ældre, brød en medie- og politisk storm ud i Frankrig. "Han ser ned på franskmændene igen og igen. Og så i udlandet!" Dette var toppunktet af foragt for det franske folk.

Alle forsøg på at sige til franskmænd fra højre og venstre og midt imellem, at set udefra forekom de nu ikke særligt reformvenlige, blev fejet af bordet.

"Jamen Lally, vi vil have reformer, men måden han gør det

på … og det er ikke første gang, han kalder franskmændene for dovne og kyniske,"

"Det var nu politikerne og de politiske partier, han refererede til i den tale i Athen, hvor han brugte ordene dovne, kyniske og ekstreme, ikke franskmændene."

"Han ser ned på folk."

Sidste forsøg til Jean Contrucci i Marseille, forfatter til adskillige historiske romaner.:

"Jamen, vi er da reformvenlige – hvis reformerne rammer naboen og ikke os selv. Vi er skeptiske, det må du da efterhånden have forstået. Apropos fordomme – lutheranere for mig har altid været firkantede og kedelige folk. Nu har jeg opgivet den fordom, hvad siger du så?" Sådan turnerer en galler et angreb.

Emmanuel Macron tog sig en rutsjetur i meningsmålingerne. Nu var han nede på 31 % – under Hollandes score på samme tidspunkt i hans mandat. Som ventet var der lagt op til et overophedet efterår med mange nye reformplaner, fagforeninger, der allerede havde varslet mærkedage og mulige strejker, og en opposition godt nok stadig ikke samlet, men absolut kampklar.

Jean-Luc Mélenchon havde allerede besluttet, at valget til Europa-Parlamentet i maj 2019 skulle være et "anti-Macron valg". Macron selv ytrede sig ikke om denne indskrænkning af Europa-problematikken. Men da Ungarn og Italien – i skikkelse af premierminister Viktor Orban og indenrigsminister Mattéo Salvini – også udpegede ham til fjende nummer ét, svarede han på sin cash manér, at det havde de da fuldstændig ret i. Han ville til enhver tid bekæmpe nationalisterne og deres hadefulde tale.

Franskmændene – de hypersensible, urolige og usikre – ventede på tegn på bedre økonomi, bedre sociale vilkår, noget, der var til at tage og føle på i hverdagen. Det var ikke længere nok at få fortalt, at de planlagte reformer – transformationer – tog tid – og Emmanuel Macrons mandat var på fem år. Behovet var NU.

Midt i stormen af afgang og tilgang af ny miljøminister og beslutning om fra januar 2019 at indføre kildeskat, fortsatte Emmanuel Macron sit politiske og pædagogiske arbejde.

Dér sad præsidenten en tidlig tirsdag morgen i skolen på første række med rank ryg sammen med de meget unge på deres første skoledag. Der er ikke så mange hæmninger, når man er en 10-11 år, så hvordan var det så at være præsident? Nu gik øvelsen jo ud på at vise, hvor vigtig skolen og uddannelse er for den enkelte og for samfundet. Så Emmanuel Macron svarede: "Joh, der er gode dage og knap så gode dage, men at være skolelærer, det er et rigtigt og flot arbejde, en metier, hvor man hele tiden bygger videre. At være præsident er ikke en sådan metier. Præsidentens arbejde varer kun, så længe hans mandat varer." Hvorfor var han så blevet præsident? Da svarede pædagogpræsidenten ikke helt uventet. "Jeg ville gerne gøre noget for mit land."

Hvordan genvinder en præsident sin popularitet? Hvordan bevarer han den overhovedet? Det er ikke lykkedes for mange. Franskmændene er et skeptisk og krævende folk. *"Un homme politique n'analyse pas une situation, il la transforme,"* – En politiker analyserer ikke en situation, han ændrer den, sagde præsident François Mitterrand. Han var en af de få, der genvandt sin popularitet, da han blev genvalgt i 1988 og af de unge, Génération Mitterrand, blev kaldt Tonton – Onkel. Det var en generation, der troede på fremtiden.

Mitterrand var absolut ingen folkelig mand. Han kunne med sin kølige attitude få mangen en diplomat til at mumle om fransk arrogance og selvtilstrækkelighed. Men han kunne sine franskmænd, som da han beskrev dem i en tale på Sorbonne-universitetet i maj 1987.

"Vi er franskmænd – vore forfædre gallerne, vi er romerske, lidt germanske, lidt jødiske, lidt italienske, lidt spanske, mere og mere portugisiske. Og jeg spørger mig selv, om vi ikke er en smule arabiske!"

Salen gyngede – her var det Frankrig, der identificerede sig med et socialt, retfærdigt, moderne og åbent Frankrig. Alle var inkluderet.

Årene er gået. Når Macron taler om at fjerne "skæbnens uligheder", at alle skal have en chance uanset, hvor de er født, deres hudfarve og religion, så er vi igen hjemme i sfæren af Frihed, Lighed og Broderskab. Vi er tilbage i drømmen om det måske utopiske Frankrig, men så absolut med de begreber, enhver identificerer sig gennem. Anderledes kan det ikke være.

Mitterrand sagde altid *"laisser le temps au temps"* – giv tid og se det hele an. Macron gentager, "transformationer tager tid."

Hver onsdag er der ministermøde i Elysée-palæet for lukkede døre. Den 5. september 2018 blev dørene åbnet for pressen, for at præsidenten henvendt til sine ministre også kunne høres af franskmændene.

"Vi har gennemført mange transformationer, mange flere kommer til. Vi arbejder og arbejder intenst, det er et langtidsprojekt."

Præsidenten var tilbage, der var ingen krise, situationen var under kontrol, der var kun at se fremad. Sommerbøvlet var forbi, lød budskabet.

Franskmændene brød ikke ligefrem ud i jubel efter det intermezzo.

En même temps
– samtidig, så ...

"Han er hverken til højre eller til venstre – han er oppe i luften!"

Sådan sagde Jean-Paul Sartre om Albert Camus, da de to i 1951 ideologisk var mere end uenige. *"Il n'est ni à droite ni à gauche. Il est en l'air."*

Emmanuel Macron er i luften. Han er allestedsnærværende – i lokalpolitik, i nationens udvikling, i Europas udvikling og i verdensudviklingen både geopolitisk og på klimafronten. Vil han eksplodere i luften? Vil han lande gumpetungt? Vil han kunne gennemføre bare halvdelen af sine projekter? Vil han blive en succes?

Sjældent har tidsånden og omstændighederne været så gunstige for et ung, ambitiøst, superintelligent, totalt satsende intellekt. Kun hans eget land Frankrig tillod sig at slå bremserne i over for tillid, hurtige beslutninger og applaus. Men se, også de skulle komme til at overgive sig – i hvert fald midlertidigt: De var stolte af manden, der tog hurtige beslutninger, bragte Frankrig på kortet. *France is Back.* Manden, der talte verdens ledere imod – venligt, forførende, overvejet – men bestemt og afslørende: Putin fik at vide, at Ruslands statspropaganda ikke er velkommen i Frankrig på Macrons vagt. Donald Trump blev undervist i, at planeten går forud for USA, når det handler om klima. Kinas leder fik skulderklap, men også henvisning til den enkeltes frihed samt begrænsningerne for kinesisk adgang til markeder verden over. Men samtidig, en même temps, så … ja, så SKAL man kunne tale og forhandle med alle ovennævnte i udviklingen og diplomatiets navn.

Den røde løber er blevet rullet ud for Emmanuel Macron. Ingen tvivl om, at manden kan overbevise, forføre og handle – og hvis ikke Macron, hvem så? Forventningerne er tårnhøje. Vil Macron kunne leve op til alle krav? Manden, der mod alle forventninger blev Frankrigs præsident og – hvad forgængeren ikke kunne – udfyldte præsidentuniformen, som historikerne for den Femte Republik og franskmændene gerne ser ham. Fornyeren blev foreneren af historien, kaldet og det forventede: Frankrig på verdenskortet. Et Frankrig, der tæller. Frankrig som ledende faktor i nærområdet Europa. Frankrig stolt af at være Frankrig.

Men hvad med hr. og fru Frankrig? Hvor står de så? Kan de mærke en fornyelse, en forandring?

Stemningen var bedre, folk var flinkere, det svært definerbare "håb" var der. Det pessimistiske Frankrig – den franske syge om undergang og fordærv – blev holdt i kort snor. Men samtidig, *en même temps*, så syntes mange franskmænd, at der manglede konkrete beviser på "Revolutionen", som præsidentkandidat Macron havde beskrevet den i bogen af samme navn. Der blev krævet for mange ofre af dem, der ikke havde så meget.

De havde præsidentens ord for, at det tog 18 måneder – mindst – før de økonomiske tiltag og dermed forventningerne kunne indfries og mærkes. Tålmodighed blev krævet – en evne, præsidenten ikke selv besidder.

Macron var altid flere skridt foran, altid på forkant med næste skridt fra oppositionens side. Det havde ikke været svært i det forudgående års tid, for oppositionen nedsmeltede totalt og havde både på højre- og venstrefløj lydt som forkølede bjæf siden da.

Macron ved, at det er nu eller aldrig – og han handler derefter. Oppositionen vil før eller siden komme tilbage i mere eller mindre fornyet form. Det vil blive sværere at buldre frem med ændringer. Så tiden er knap, den kræver handling – og samtidig, *en même temps*, forståelse, taktfuldhed, forklaring. Kort sagt: Resultater.

Angela Merkel skal have sagt det på sin tyske facon til den nybagte præsident Emmanuel Macron, da han traditionen tro meldte sig i Berlin den 15. maj 2017 for at konfirmere det fransk-tyske samarbejde: "Herman Hesse sagde, at al begyndelse er magisk." Og Angela Merkel fortsatte efter en kort kunstpause: "Magien kan kun fortsætte, hvis der foreligger resultater."

Ingen kan påstå, at Macron ikke arbejder på sagen – og det utrætteligt. Medarbejderne kan have svært ved at følge tempoet. Det er højt, døgnet rundt. Sådan fungerer Macron. Med egne ord. "Jeg har ingen røde linjer, jeg har kun horisonter."

En hel sikker horisont er 2022. Året, hvor han skal forsøge at få endnu fem år på præsidentposten. Der arbejdes naturligvis allerede på sagen. Macron har en mission – selvtilliden er altid i zenit – målet er et effektivt, moderniseret, hurtigt fungerende Frankrig.

Poeten, drømmeren og pragmatikeren Macron står parat – tilbage er kun at overbevise franskmændene.

Det er og har altid været noget af en Sisyfos-kamp. Med Macrons måde at anskue tilværelsen på, er det næppe noget, der skræmmer ham – det er snarere et incitament.

Når Macron satser, så er det for at vinde. Det kan være en diskussion, eller det kan være et valg – sejren SKAL hjem. Han bliver ved, til målet er nået.

Én ting er sikker: Det bliver op ad bakke. Det sørger franskmændene for. Og de har det sidste ord.